Niklas Luhmann

Die Realität der Massenmedien

Niklas Luhmann

Die Realität der Massenmedien

2., erweiterte Auflage

Westdeutscher Verlag

Die Deutsche Bibliothek – CIP-Einheitsaufnahme

Luhmann, Niklas:
Die Realität der Massenmedien / Niklas Luhmann. –
2., erw. Aufl. – Opladen: Westdt. Verl., 1996
ISBN 3-531-12841-8

2., erweiterte Auflage, 1996

Die 1. Auflage erschien als Veröffentlichung
der Nordrhein-Westfälischen Akademie
der Wissenschaften, Vorträge G 333,
Opladen 1995: Westdeutscher Verlag

Alle Rechte vorbehalten
© 1996 Westdeutscher Verlag GmbH, Opladen

Der Westdeutsche Verlag ist ein Unternehmen
der Bertelsmann Fachinformation.

Das Werk einschließlich aller seiner Teile ist urheberrechtlich geschützt. Jede Verwertung außerhalb der engen Grenzen des Urheberrechtsgesetzes ist ohne Zustimmung des Verlags unzulässig und strafbar. Das gilt insbesondere für Vervielfältigungen, Übersetzungen, Mikroverfilmungen und die Einspeicherung und Verarbeitung in elektronischen Systemen.

Umschlaggestaltung: Horst Dieter Bürkle, Darmstadt
Umschlagbild: László Lakner, Für die Malerei eroberte Blätter,
1975 (Übermaltes Buchobjekt). © VG Bild-Kunst, Bonn 1995
Satz: ITS Text & Satz GmbH, Herford
Druck und Verarbeitung: Presse-Druck, Augsburg
Gedruckt auf säurefreiem Papier
Printed in Germany

ISBN 3-531-12841-8

Inhalt

Vorwort 7

Kapitel 1
Ausdifferenzierung als Verdoppelung der Realität   9

Kapitel 2
Selbstreferenz und Fremdreferenz   24

Kapitel 3
Codierung   32

Kapitel 4
Systemspezifischer Universalismus   49

Kapitel 5
Nachrichten und Berichte   53

Kapitel 6
Ricúpero   82

Kapitel 7
Werbung   85

Kapitel 8
Unterhaltung   96

Kapitel 9
Einheit und strukturelle Kopplungen   117

Kapitel 10
Individuen   130

Kapitel 11
Die Konstruktion der Realität 138

Kapitel 12
Die Realität der Konstruktion 158

Kapitel 13
Die Funktion der Massenmedien 169

Kapitel 14
Öffentlichkeit 183

Kapitel 15
Schemabildung 190

Kapitel 16
Kybernetik zweiter Ordnung als Paradoxie 206

Sachregister 216

Vorwort

Der hier publizierte Text geht auf einen Vortrag zurück, den ich unter gleichem Titel am 13. Juli 1994 in der Nordrhein-Westfälischen Akademie der Wissenschaften in Düsseldorf gehalten habe. Eine ausgearbeitete Fassung des Vortrags ist in der Vortragsreihe der Akademie veröffentlicht worden.[1]

Auf Anregung des Verlags habe ich diesen Text nochmals beträchtlich erweitert und ihn vor allem um Gesichtspunkte ergänzt, die den vergleichsweise engen Rahmen der „kommunikationswissenschaftlichen" Medienforschung sprengen. Dabei sind jedoch die Problemstellung und die Aussagen des Vortragstextes erhalten geblieben. Deshalb schien es angemessen zu sein, den jetzt vorgelegten Text als „zweite Auflage" zu bezeichnen, obwohl die Ergänzungen weit über eine Aktualisierung mit Blick auf zwischenzeitlich erschienene Literatur hinausgehen.

---
1 Vorträge G 333, Opladen 1995.

Kapitel 1
Ausdifferenzierung als Verdoppelung der Realität

Was wir über unsere Gesellschaft, ja über die Welt, in der wir leben, wissen, wissen wir durch die Massenmedien.[1] Das gilt nicht nur für unsere Kenntnis der Gesellschaft und der Geschichte, sondern auch für unsere Kenntnis der Natur. Was wir über die Stratosphäre wissen, gleicht dem, was Platon über Atlantis weiß: Man hat davon gehört. Oder wie Horatio es ausdrückt: So I have heard, and do in part believe it.[2] Andererseits wissen wir so viel über die Massenmedien, daß wir diesen Quellen nicht trauen können. Wir wehren uns mit einem Manipulationsverdacht, der aber nicht zu nennenswerten Konsequenzen führt, da das den Massenmedien entnommene Wissen sich wie von selbst zu einem selbstverstärkenden Gefüge zusammenschließt. Man wird alles Wissen mit dem Vorzeichen des Bezweifelbaren ver-

---
1 Das gilt auch für Soziologen, die ihr Wissen nicht mehr im Herumschlendern und auch nicht mit bloßen Augen und Ohren gewinnen können. Gerade wenn sie die sogenannten empirischen Methoden anwenden, wissen sie immer schon, was sie wissen und was sie nicht wissen – aus den Massenmedien. Vgl. Rolf Lindner, Die Entdeckung der Stadtkultur: Soziologie aus der Erfahrung der Reportage, Frankfurt 1990.
2 Hamlet I.1.

sehen – und trotzdem darauf aufbauen, daran anschließen müssen. Die Lösung des Problems kann nicht, wie in den Schauerromanen des 18. Jahrhunderts, in einem geheimen Drahtzieher im Hintergrund gefunden werden, so gerne selbst Soziologen daran glauben möchten. Wir haben es – so die These, die im folgenden ausgearbeitet werden soll – mit einem Effekt der funktionalen Differenzierung der modernen Gesellschaft zu tun. Man kann ihn durchschauen, man kann ihn theoretisch reflektieren. Aber es geht nicht um ein Geheimnis, das sich auflösen würde, wenn man es bekannt macht. Eher könnte man von einem „Eigenwert" oder einem „Eigenverhalten" der modernen Gesellschaft sprechen[3] – also von rekursiv stabilisierten Funktoren, die auch dann stabil bleiben, wenn ihre Genetik und ihre Funktionsweise aufgedeckt sind.

Mit dem Begriff der Massenmedien sollen im folgenden alle Einrichtungen der Gesellschaft erfaßt werden, die sich zur Verbreitung von Kommunikation technischer Mittel der Vervielfältigung bedienen. Vor allem ist an Bücher, Zeitschriften, Zeitungen zu denken, die durch die Druckpresse hergestellt werden; aber auch an photographische oder elektronische Kopierverfahren jeder Art, sofern sie Produkte in großer Zahl mit noch unbestimmten Adressaten erzeugen. Auch die Verbreitung der Kommunikation über Funk fällt unter den Begriff, sofern sie allgemein zugänglich ist und nicht nur der telephonischen Verbindung einzelner Teilnehmer dient. Die Massenproduktion von Manuskripten nach

---

[3] Dies im Sinne von Heinz von Foerster, Objects: Token for (Eigen-)Behaviors, in ders., Observing Systems, Seaside Cal. 1981, S. 273-285; dt. Übers. in ders., Wissen und Gewissen: Versuch einer Brücke, Frankfurt 1993, S. 103-115.

Diktat wie in mittelalterlichen Schreibwerkstätten soll nicht genügen und ebensowenig die öffentliche Zugänglichkeit des Raumes, in dem die Kommunikation stattfindet – also nicht: Vorträge, Theateraufführungen, Ausstellungen, Konzerte, wohl aber eine Verbreitung solcher Aufführungen über Filme oder Disketten. Die Abgrenzung mag etwas willkürlich erscheinen, aber der Grundgedanke ist, daß erst die maschinelle Herstellung eines Produktes als Träger der Kommunikation – aber nicht schon Schrift als solche – zur Ausdifferenzierung eines besonderen Systems der Massenmedien geführt hat. Die Verbreitungstechnologie vertritt hier gleichsam das, was für die Ausdifferenzierung der Wirtschaft durch das Medium Geld geleistet wird: Sie konstituiert selber nur ein Medium, das Formenbildungen ermöglicht, die dann, anders als das Medium selbst, die kommunikativen Operationen bilden, die die Ausdifferenzierung und die operative Schließung des Systems ermöglichen.

Entscheidend ist auf alle Fälle: *daß keine Interaktion unter Anwesenden zwischen Sender und Empfängern stattfinden kann.* Interaktion wird durch Zwischenschaltung von Technik ausgeschlossen, und das hat weitreichende Konsequenzen, die uns den Begriff der Massenmedien definieren. Ausnahmen sind möglich (doch nie: mit allen Teilnehmern), wirken aber als inszeniert und werden in den Senderäumen auch so gehandhabt. Sie ändern nichts an der technisch bedingten Notwendigkeit einer Kontaktunterbrechung. Durch die Unterbrechung des unmittelbaren Kontaktes sind einerseits hohe Freiheitsgrade der Kommunikation gesichert. Dadurch entsteht ein Überschuß an Kommunikationsmöglichkeiten, der nur noch systemintern durch Selbstorganisation und durch eigene Realitätskonstruktionen kontrolliert werden kann. Andererseits sind zwei Selektoren am Werk: die Sendebereitschaft und das Einschaltinteresse, die zentral nicht koordiniert werden können. Die Organisationen, die die Kommunikation der Massenmedien produzieren, sind auf Vermutungen über Zumutbarkeit und Akzeptanz angewiesen.[4] Das führt zur Standardisierung, aber auch zur Differenzierung ihrer Programme, jedenfalls zu einer nicht individuengerechten Vereinheitlichung. Eben deshalb hat aber der einzelne Teilnehmer die Chance, dem Angebot das zu entnehmen, was ihm paßt oder was er in seinem Milieu (zum Beispiel als Politiker oder als Lehrer) wissen zu müssen glaubt. Diese strukturellen Rahmenbedingungen der Operationsweise von Massenmedien schränken das ein, was sie realisieren können.

Von Realität der Massenmedien kann man in einem doppelten Sinne sprechen. Unser Titel soll diese Doppelsinnigkeit bezeichnen und ist deshalb als ambivalent zu verstehen. Denn die Einheit dieses zweifachen Sinnes ist der Punkt, der in den folgenden Überlegungen herausgearbeitet werden soll.

Die Realität der Massenmedien, ihre reale Realität könnte man sagen, besteht in ihren eigenen Operationen. Es wird gedruckt und gefunkt. Es wird gelesen.

---

[4] Zu dieser nichtbehebbaren Unsicherheit vgl. Dennis McQuail, Uncertainty about the Audience and the Organization of Mass Communication, Sociological Review Monograph 13 (1969), S. 75-84. Tom Burns, Public Service and Private World, in: Paul Halmos (Hrsg.), The Sociology of Mass Media Communcators. The Sociological Review Monograph No. 13, Keele, Staffordshire UK 1969, S. 53-73, schließt daraus auf ein besonderes Engagement der Produzenten in die eigenen Produkte.

Sendungen werden empfangen. Zahllose Kommunikationen der Vorbereitung und des Nachher-darüber-Redens umranken dieses Geschehen. Der Verbreitungsprozeß ist aber nur auf Grund von Technologien möglich. Deren Arbeitsweise strukturiert und begrenzt das, was als Massenkommunikation möglich ist. Das muß in jeder Theorie der Massenmedien beachtet werden. Dennoch wollen wir die Arbeit dieser Maschinen und erst recht ihr mechanisches oder elektronisches Innenleben nicht als Operation im System der Massenmedien ansehen. Nicht alles, was Bedingung der Möglichkeit von Systemoperationen ist, kann Teil der operativen Sequenzen des Systems selber sein. (Das gilt natürlich auch für Lebewesen und überhaupt für alle autopoietischen Systeme.) Es macht daher guten Sinn, die reale Realität der Massenmedien als die in ihnen ablaufenden, sie durchlaufenden Kommunikationen anzusehen. Wir zweifeln nicht, daß solche Kommunikationen faktisch stattfinden (obwohl in einem erkenntnistheoretischen Sinne alle Aussagen, und so auch diese, Aussagen eines Beobachters sind und insofern ihre eigene Realität in den Operationen des Beobachters haben).

Während wir die technischen Apparaturen, die „Materialitäten der Kommunikation"[5], ihre Wichtigkeit unbenommen, aus der Operation des Kommunizierens ausschließen, weil sie nicht mitgeteilt werden, schließen

---

5 Im Sinne von Hans Ulrich Gumbrecht/K. Ludwig Pfeiffer (Hrsg.), Materialität der Kommunikation, Frankfurt 1988. Vgl. ferner etwa Siegfried Weischenberg/Ulrich Hienzsch, Die Entwicklung der Medientechnik, in: Klaus Merten/Siegfried J. Schmidt/Siegfried Weischenberg (Hrsg.), Die Wirklichkeit der Medien: Eine Einführung in die Kommunikationswissenschaft, Opladen 1994, S. 455-480.

wir den (verstehenden bzw. mißverstehenden) Empfang ein. Eine Kommunikation kommt nur zustande, wenn jemand sieht, hört, liest – und so weit versteht, daß eine weitere Kommunikation anschließen könnte. Das Mitteilungshandeln allein ist also noch keine Kommunikation. Dabei ist für Massenmedien (im Unterschied zur Interaktion unter Anwesenden) der aktuell mitwirkende Adressatenkreis schwer bestimmbar. In erheblichem Umfange muß daher eindeutige Präsenz durch Unterstellungen ersetzt werden. Das gilt erst recht, wenn die Umsetzung des Verstehens/Mißverstehens in weitere Kommunikation innerhalb oder außerhalb des Systems der Massenmedien mitberücksichtigt werden soll. Diese Inkompetenz hat aber den Vorteil, daß rekursive Schleifen nicht zu eng gezogen werden, daß die Kommunikation sich durch Mißerfolge und Widerspruch nicht sofort blockiert, sondern daß sie sich ein geneigtes Publikum suchen und mit Möglichkeiten experimentieren kann.

Diese begrifflichen Konturierungen beziehen sich auf die real ablaufenden Operationen, mit denen das System sich selbst und seine Differenz zur Umwelt reproduziert. Man kann aber noch in einem zweiten Sinne von der Realität der Massenmedien sprechen, nämlich im Sinne dessen, was *für sie* oder *durch sie für andere* als Realität *erscheint*. In Kantischer Terminologie gesprochen: Die Massenmedien erzeugen eine transzendentale Illusion. Bei diesem Verständnis wird die Tätigkeit der Massenmedien nicht einfach als Sequenz von *Operationen* angesehen, sondern als Sequenz von *Beobachtungen*, oder genauer: von beobachtenden Operationen. Um dieses Verständnis von Massenmedien zu erreichen, müssen wir also ihr Beobachten beobachten. Für das zuerst vorgestellte Verständnis genügt ein Beobachten erster Ordnung, so als ob es um Fakten ginge. Für die zweite Verstehensmöglichkeit muß man die Einstellung eines Beobachters zweiter Ordnung einnehmen, eines Beobachters von Beobachtern.[6]

Um diese Unterscheidung festzuhalten, können wir (immer mit Bezug auf einen Beobachter) von erster Realität und von zweiter (oder: beobachteter) Realität sprechen. Wir beobachten jetzt eine Realitätsverdoppelung, die in dem beobachteten System der Massenmedien stattfindet. Es kommuniziert tatsächlich – über etwas. Über etwas anderes oder über sich selbst. Es handelt sich also um ein System, das zwischen Selbstreferenz und Fremdreferenz unterscheiden kann. Im klassischen Wahrheitsdiskurs, aber auch im Alltagsverständnis von Wahrheit, würde man sich nun dafür interessieren, ob das, was die Medien berichten, stimmt oder nicht stimmt. Oder ob es halb stimmt und halb nicht stimmt, weil es „manipuliert" wird. Aber wie soll man das feststellen? In Einzelfällen mag dies für den einen oder anderen Beobachter und insbesondere für die Systeme, über die berichtet wird, möglich sein; aber für die Masse der täglich laufenden Kommunikationen ist es natürlich ausgeschlossen. Wir klammern diese Frage in den folgenden Überlegungen konsequent aus. Wir halten uns an den Ausgangspunkt, daß die Massenmedien als beobachtende Systeme genötigt sind, zwischen Selbstreferenz und Fremdreferenz zu unterscheiden. Sie können nicht anders. Sie können, und darin liegt zunächst ein-

---

6 Für die logischen Konsequenzen dieser Unterscheidung siehe Elena Esposito, L'operazione di osservazione: Costruttivismo e teoria dei sistemi sociali, Milano 1992.

mal Garantie genug, nicht einfach sich selber für die Wahrheit halten. Sie müssen folglich Realität konstruieren, und zwar im Unterschied zur eigenen Realität noch eine andere.

Das mag zunächst ganz trivial erscheinen. Es wäre auch nicht erwähnenswert, wenn nicht diese Art „Konstruktivismus" auf erkenntnistheoretischer Ebene und auch für die Massenmedien selbst heiß umstritten wäre.[7] Aber: Wenn alle Erkenntnis auf Grund einer Unterscheidung von Selbstreferenz und Fremdreferenz erarbeitet werden muß, gilt zugleich, daß alle Erkenntnis (und damit alle Realität) eine Konstruktion ist. *Denn diese Unterscheidung von Selbstreferenz und Fremdreferenz*

---

7 Zur Diskussion über „Konstruktivismus" als Theorie der Massenmedien siehe die Beiträge von Hermann Boventer, Siegfried Weischenberg und Ulrich Saxer im Anschluß an ein ARD Funkkolleg in: Communicatio Socialis 25 (1992), Heft 2. Hierzu kritisch Niklas Luhmann, Der „Radikale Konstruktivismus" als Theorie der Massenmedien? Bemerkungen zu einer irreführenden Diskussion, Communicatio Socialis 27 (1994), S. 7-12. Vgl. ferner eine Reihe von Beiträgen in Merten/Schmidt/Weischenberg a.a.O. (1994). Die Diskussion leidet unter einer problematischen Selbstdarstellung des sog. „Radikalen Konstruktivismus". Dessen Radikalität soll in der Beschränkung auf die Idee, auf das Subjekt, auf den Zeichengebrauch bestehen. Aber das ist eine schon logisch unmögliche Position. Man kann im Gebrauch von Unterscheidungen wie Idee/Realität, Subjekt/Objekt oder Zeichen/Bezeichnetes nicht die eine Seite der Unterscheidung aufgeben, ohne auf die Unterscheidung selbst zu verzichten. Es gibt (siehe Husserls „Phänomenologie") kein objektloses Subjekt, keine Idee ohne Bezug auf Realität, keinen referenzlosen Zeichengebrauch. Man müßte sich deshalb auf Seiten der „Konstruktivisten" die Mühe machen, diese Unterscheidungen, sollten sie denn obsolet sein, durch eine andere zu ersetzen, etwa durch die vielfach bewährte Unterscheidung von System und Umwelt.

kann es ja nicht in der Umwelt des Systems geben (was wäre da „Selbst" und was wäre da „Fremd"?), *sondern nur im System selbst.*

Wir optieren damit, hier wie auch in der Erkenntnistheorie[8], für operativen Konstruktivismus. Konstruktivistische Theorien behaupten, daß kognitive Systeme nicht in der Lage sind, zwischen Bedingungen der Existenz von Realobjekten und Bedingungen ihrer Erkenntnis zu unterscheiden, weil sie keinen erkenntnisunabhängigen Zugang zu solchen Realobjekten haben. Dieser Defekt kann zwar auf der Ebene der Beobachtung zweiter Ordnung, der Beobachtung von kognitiven Operationen *anderer* Systeme korrigiert werden. Man erkennt dann, wie deren „frames" ihre Erkenntnis formen. Aber das führt nur zu einer Wiederholung des Problems auf der Ebene der Beobachtung zweiter Ordnung. Auch Beobachter anderer Beobachter können die Bedingungen der Existenz dieser Beobachter nicht unterscheiden von den Bedingungen des Erkennens, daß es sich um bestimmte, sich selbst konditionierende Beobachter handelt.

Bei aller Divergenz von Beobachtung erster und Beobachtung zweiter Ordnung: diese Unterscheidung hebt die Grundaussage des Konstruktivismus nicht auf, sondern bestätigt sie durch Rückschluß auf sich selber, also „autologisch". Die primäre Realität liegt, die Kognition mag auf sich reflektieren, wie sie will, nicht in „der Welt draußen", sondern in den kognitiven Operationen

---

8 Siehe ausführlicher Niklas Luhmann, Erkenntnis als Konstruktion, Bern 1988; ders., Die Wissenschaft der Gesellschaft, Frankfurt 1990.

selbst[9], weil diese nur unter zwei Bedingungen möglich sind, nämlich dadurch, daß sie ein sich selbst reproduzierendes System bilden, und dadurch, daß dieses System nur beobachten kann, wenn es zwischen Selbstreferenz und Fremdreferenz unterscheidet. Diese Bedingungen sind als empirische (nicht: als transzendentale) gedacht. Das heißt auch: Sie sind nur unter zahllosen weiteren Voraussetzungen, die nicht durch das System selbst garantiert sein können, erfüllbar. Der operative Konstruktivismus bezweifelt keineswegs, daß es eine Umwelt gibt. Sonst hätte ja auch der Begriff der Systemgrenze, der voraussetzt, daß es eine andere Seite gibt, keinen Sinn. Die These des operativen Konstruktivismus führt also nicht zu einem „Weltverlust", sie bestreitet nicht, daß es Realität gibt. Aber sie setzt Welt nicht als Gegenstand, sondern im Sinne der Phänomenologie als Horizont voraus. Also als unerreichbar. Und deshalb bleibt keine andere Möglichkeit als: Realität zu konstruieren und eventuell: Beobachter zu beobachten, wie sie

---

9 Für die weit verbreitete Gegenmeinung siehe etwa N. Katherine Hayles, Constrained Constructivism: Epistemology in Science and Culture, in George Levine (Hrsg.), Realism and Representation: Essays on the Problem of Realism in Relation to Science, Literature, and Culture, Madison Wisc. 1993, S. 27-43. Vgl. auch meine Diskussion mit Katherine Hayles, publiziert in Cultural Critique (im Druck). Hayles nimmt an, daß es außerhalb des kognitiv operierenden Systems einen unerreichbaren „unmediated flux" gebe, gleichsam einen flux an sich; daß aber ein kognitives System sich gleichwohl Realitätsgewißheit nur dadurch verschaffen könne, daß es mit dieser Außenwelt Kontakt halte, wenn auch nur auf der Innenseite der Systemgrenze. „Although there may be no outside that we can know, *there is a boundary*" (S. 40). Aber dann müßte dieser Kontakt ein Zwittergebilde sein – weder drinnen noch draußen.

die Realität konstruieren. Es mag durchaus sein, daß verschiedene Beobachter dann den Eindruck haben, „Dasselbe" zu erkennen und daß Transzendentaltheoretiker sich dies nur durch die Konstruktion transzendentaler Apriorois erklären können – dieser unsichtbaren Hand, die Erkenntnis trotz Individualität in Ordnung hält. Aber in Wirklichkeit ist auch dies eine Konstruktion, denn es geht nun einmal nicht ohne die jeweils systemspezifische Unterscheidung von Selbstreferenz und Fremdreferenz.

Was mit „Realität" gemeint ist, kann deshalb nur ein internes Korrelat der Systemoperationen sein – und nicht etwa eine Eigenschaft, die den Gegenständen der Erkenntnis zusätzlich zu dem, was sie nach Individualität oder Gattung auszeichnet, außerdem noch zukommt. Realität ist denn auch nichts weiter als ein Indikator für erfolgreiche Konsistenzprüfungen im System. Realität wird systemintern durch Sinngebung (besser im Englischen: sense*making*) erarbeitet. Sie entsteht, wenn Inkonsistenzen, die sich aus der Beteiligung des Gedächtnisses an den Systemoperationen ergeben können, aufgelöst werden – zum Beispiel durch Konstruktion von Raum und Zeit als Dimensionen mit verschiedenen Stellen, an denen unterschiedliche Wahrnehmungen oder Erinnerungen lokalisiert werden können, ohne miteinander in Konflikt zu geraten. Wenn Realität in der Kommunikation ausdrücklich betont wird („real" lemon, ein „wirkliches" Erlebnis), so ist damit zugleich betont, daß Zweifel möglich und vielleicht sogar angebracht sind. Je komplexer ein System wird und je stärker es sich Irritationen aussetzt, um so mehr Varietät kann die Welt zulassen, ohne an Realität einzubüßen; und um so mehr kann das System es sich leisten, auch mit Negationen, mit Fiktionen, mit „nur analytischen" oder mit statistischen Annahmen zu arbeiten, die von der Welt, wie sie ist, distanzieren.

Damit werden jedoch alle Aussagen über Realität an nicht weiter generalisierbare (nicht transzendentalisierbare) Systemreferenzen gebunden. Unsere Frage hat also jetzt die Form: Wie konstruieren Massenmedien Realität? Oder komplizierter (und auf eigene Selbstreferenz bezogen!): Wie können wir (als Soziologen zum Beispiel) die Realität ihrer Realitätskonstruktion beschreiben? Sie lautet *nicht*: Wie *verzerren* die Massenmedien die Realität durch die Art und Weise ihrer Darstellung? Denn das würde ja eine ontologische, vorhandene, objektiv zugängliche, konstruktionsfrei erkennbare Realität, würde im Grunde den alten Essenzenkosmos voraussetzen. Wissenschaftler mögen zwar durchaus der Meinung sein, daß sie die Realität besser erkennen, als sie in den auf „Popularisierung" verpflichteten Massenmedien dargestellt wird. Aber das kann nur heißen: die eigene Konstruktion mit einer anderen zu vergleichen. Das mag man tun, ermutigt durch eine Gesellschaft, die wissenschaftliche Beschreibungen für authentische Realitätserkenntnis hält. Aber dies berührt in keiner Weise die Möglichkeit, zunächst einmal zu fragen: Wie konstruieren Massenmedien Realität?

Die kommunikationswissenschaftliche Medienforschung hat eine ähnliche Frage vor Augen, wenn sie den in den letzten Jahrzehnten zunehmenden Einfluß der Massenmedien auf das gesellschaftliche Geschehen beschreibt.[10] Das, was nach eigenen Standards als Erfolg

---

10 Siehe zum Beispiel Hans Mathias Kepplinger, Ereignismanagement: Wirklichkeit und Massenmedien, Zürich 1992.

gelten müßte, wird dann zur Krise umstilisiert. Aber die Beschreibung als Krise würde voraussetzen, daß darauf mit einer Änderung der Strukturen reagiert werden kann. Eine solche Möglichkeit zeichnet sich jedoch nicht ab. Die Krise betrifft nicht die Operationsweise der Massenmedien, sondern nur ihre Selbstbeschreibung, das Fehlen einer zureichenden Reflexionstheorie. Um auf diese Herausforderung zu antworten, wird man nicht nur von dem Einflußzuwachs der letzten Jahrzehnte ausgehen können – so sehr es zum Beispiel auffallen mag, daß Wirtschaftsunternehmen sich nicht mehr nur über ihr Produkt auf die Gesellschaft beziehen sondern, wie unter massenmedialer Suggestion, auch über „Kultur" und über „Ethik". Auch die Erfindung der Rotationspresse ist nicht die entscheidende Zäsur, sondern nur ein Schritt der Effektverstärkung. Denn die Beobachtung und Kritik massenmedialer Effekte war längst vorher üblich geworden.[11] Man braucht einen historisch weiter gespannten Beobachtungszeitraum, der im Prinzip bis zum Wirksamwerden der Druckpresse zurückreicht, und man braucht vor allem theoretische Instrumente, die abstrakt genug sind, um die Theorie der Massenmedien in eine allgemeine Theorie der modernen Gesellschaft einordnen zu können. Im folgenden ge-

---

11 „Die Neueren (im Unterschied zu den Griechen, N.L.) bekommen aus dem Buchladen die Dichtkunst samt den wenigen darin enthaltenen und vergrößerten Objekten, und sie bedienen sich dieser zum Genusse jener", liest man bei Jean Paul, Vorschule der Ästhetik, zit. nach Werke Bd. 5, München 1963, S. 74. Natürlich ist die Verklärung des Vergangenen in Gestalt der Griechen selbst ein Effekt des Buchdrucks. Die Kritik der Abhängigkeit des Schriftstellers vom Verleger/Käufer/Leser/Rezensenten läßt sich bis in den Anfang des 18. Jahrhunderts zurückverfolgen.

schieht dies über die Annahme, die Massenmedien seien eines der Funktionssysteme der modernen Gesellschaft, das, wie alle anderen auch, seine gesteigerte Leistungsfähigkeit der Ausdifferenzierung, der operativen Schließung und der autopoietischen Autonomie des betreffenden Systems verdankt.

Der Doppelsinn von Realität als tatsächlich ablaufende, das heißt: beobachtbare Operation und als dadurch erzeugte Realität der Gesellschaft und ihrer Welt macht im übrigen deutlich, daß die Begriffe operative Schließung, Autonomie und Konstruktion kausale Einwirkungen von außen keineswegs ausschließen. Gerade wenn man davon auszugehen hat, daß es sich in jedem Falle um eine konstruierte Wirklichkeit handelt, kommt diese Eigenart der Produktion einer externen Einwirkung besonders entgegen. Das hat sich sehr gut an der erfolgreichen Militärzensur von Reportagen über den Golfkrieg gezeigt. Die Zensur mußte nur mediengerecht mitwirken, sie mußte die erwünschte Konstruktion mitvollziehen und unabhängige Informationen, die ohnehin kaum hätte gewonnen werden können, ausschließen. Da der Krieg von vornherein als Medienereignis mitinszeniert war und die Parallelaktion des Filmens oder Interpretierens von Daten zugleich militärischen und nachrichtenmäßigen Zwecken diente, wäre eine Entkoppelung ohnehin mit fast totalem Informationsausfall verbunden gewesen. Für eine Zensur war daher nicht viel mehr erforderlich, als: dem chronischen Informationsbedarf der Medien Rechnung zu tragen und sie für den nötigen Fortgang der Sendungen mit Neuigkeiten zu versorgen.[12] So wurde vor allem die Militärma-

---

12 Siehe dazu Ralf Gödde, Radikaler Konstruktivismus und Jour-

schinerie im Einsatz gezeigt. Daß damit die Opfer-Seite des Krieges fast völlig ausgeblendet wurde, hat beträchtliche Kritik ausgelöst; aber doch wohl nur, weil dies der durch die Medien selbst aufgebauten Vorstellung, wie ein Krieg auszusehen hat, vollständig widersprach.

---

nalismus: Die Berichterstattung über den Golfkrieg – Das Scheitern eines Wirklichkeitsmodells, in: Gebhard Rusch/ Siegfried J. Schmidt (Hrsg.), Konstruktivismus: Geschichte und Anwendung. Delfin 1992, Frankfurt 1992, S. 269-288.

Kapitel 2
Selbstreferenz und Fremdreferenz

Bevor wir weitergehen, bedarf zunächst die in das System eingebaute Unterscheidung von Selbstreferenz und Fremdreferenz einer genaueren Analyse. Was jedem externen Beobachter (uns zum Beispiel) auffallen muß, ist: daß damit die operativ produzierte Grenze des Systems, die Differenz von System und Umwelt, in das System hineincopiert wird. Also muß das System zuerst operieren und seine Operationen fortsetzen, also zum Beispiel leben oder kommunizieren können, bevor es die auf diese Weise erzeugte *Differenz* intern als *Unterscheidung* und damit als Schema eigener Beobachtungen verwenden kann.[1] Wir müssen mithin Differenz und Unterscheidung – unterscheiden, und das erfordert die Festlegung einer Systemreferenz (hier: Massenmedien) bzw. die Beobachtung eines Beobachters, der sich selbst von dem, was er beobachtet, unterscheiden kann.

Abstrakter und in mathematischer Terminologie ausgedrückt, handelt es sich (für uns als Beobachter) um ein „re-entry" einer Unterscheidung in das durch sie Unterschiedene. Wie der von Spencer Brown ausgear-

---

[1] Siehe hierzu A. Moreno/J. Fernandez/A. Etxeberria, Computational Darwinism as a Basis for Cognition, Revue internationale de systémique 6 (1992), S. 205-221.

beitete Formenkalkül[2] zeigt, ist das re-entry eine Grenzoperation eines Kalküls, der auf der Ebene der Beobachtung erster Ordnung und im Rahmen zweiwertiger Unterscheidungen bleibt.[3] Ein re-entry muß am Anfang unformulierbar vorausgesetzt werden (weil das Beobachten eine Unterscheidung erfordert und folglich die Unterscheidung von Beobachtung und Unterscheidung voraussetzt) und kann am Ende noch bezeichnet werden – aber nur in einer Weise, die zu einer „unresolvable indeterminacy" führt, die in den strengen mathematischen Formen der Arithmetik und der (Booleschen) Algebra nicht mehr behandelt werden kann.[4]

Eine wichtige Konsequenz, die Heinz von Foerster bereits frühzeitig betont hat[5], ist: daß ein Kalkül dieser

---

2 Siehe George Spencer Brown, Laws of Form, Neudruck New York 1979, S. 56 ff., 69 ff.
3 Dazu ausführlicher Elena Esposito, Ein zweiwertiger nichtselbständiger Kalkül, in: Dirk Baecker (Hrsg.), Kalkül der Form, Frankfurt 1993, S. 96-111.
4 Spencer Brown a.a.O. S. 57. Siehe auch die wichtige Erläuterung, daß diese Unbestimmtheit nicht aus der Verwendung von unabhängigen Variablen folgt, die für das System unbestimmbare Weltzustände repräsentieren, sondern aus der Anlage des Kalküls selbst. Also kann das Problem der Unbestimmtheit auch nicht durch Einsetzung von Werten, die sich aus den Weltzuständen ergeben mögen, in die unabhängigen Variablen der mathematischen Gleichungen gelöst werden. Wir können interpretieren: Das Problem der auf der Ebene des zweiwertigen Kalküls unlösbaren Unbestimmtheit ist eine Konsequenz der Ausdifferenzierung des Systems, die das System zwingt, auf die damit gegebene Differenz von System und Umwelt durch ein re-entry, also durch die nur intern benutzbare Unterscheidung von Selbstreferenz und Fremdreferenz zu reagieren.
5 Siehe seine Rezension in der Zeitschrift Whole Earth Catalogue, Frühjahr 1969, S. 14. Deutsche Übersetzung in Baecker a.a.O. (1993), S. 9-11.

Art nicht mehr als Instrument zur repräsentationalen Feststellung von „objektiver" Wahrheit begriffen werden kann, sondern „bistabil" wird und auf diese Weise eine eigene Zeit generiert, die es, wie ein Computer, durch die Sequenz seiner eigenen Operationen gleichsam „verbraucht". Die intern erzeugte Unbestimmtheit wird also in eine Sukzession von Operationen aufgelöst, die nacheinander Verschiedenes realisieren können. Das System nimmt sich Zeit und formiert alle Operationen in der Erwartung, daß andere darauf folgen werden. Und so arbeitet auch das System der Massenmedien in der Annahme, daß die eigenen Kommunikationen in der nächsten Stunde oder am nächsten Tag fortgesetzt werden. Jede Sendung verspricht eine weitere Sendung. Nie geht es dabei um die Repräsentation der Welt, wie sie im Augenblick ist.

Eine weitere Konsequenz ergibt sich aus der Notwendigkeit eines „imaginary state" für die Fortsetzung der den Kalkül sprengenden Operationen.[6] Man könnte auch sagen: Das re-entry ist ein verdecktes Paradox, denn es behandelt verschiedene Unterscheidungen (System/Umwelt und Selbstreferenz/Fremdreferenz) als dieselbe. In der Wahrnehmung des Systems verwischt sich die Unterscheidung der Welt, wie sie ist, und der Welt, wie sie beobachtet wird.[7] Es gibt zwar zahlreiche, kulturell bewährte Möglichkeiten der Korrektur von Irr-

---

[6] Spencer Brown a.a.O. S. 58.
[7] Auch in der allgemeinen Kommunikationsforschung wird diese Ambivalenz als notwendig angesehen. Siehe zum Beispiel Jurgen Ruesch/Gregory Bateson, Communication: The Social Matrix of Psychiatry, New York 1951, 2. Aufl. 1968, S. 238: „We can never be quite clear whether we are referring to the world as it *is* or to the world as we *see* it."

tümern; und seit Marx und Freud auch Möglichkeiten der Selbstverdächtigung im (schon durch die Massenmedien vermittelten) Wissen, daß man sich durch latente Interessen oder Motive leiten läßt. Die Gesellschaft hält sich für diese Zwecke „kritische" Intellektuelle und Therapeuten. Aber das sind in der operativen Wirklichkeit nur Korrekturvorbehalte, also Zukunftsperspektiven, während in der operativ aktuellen Gegenwart die Welt, wie sie ist, und die Welt, wie sie beobachtet wird, nicht unterschieden werden können.

Zur Auflösung dieses Paradoxes der Konfusion zweier Welten benötigt man Imagination oder kreative Anregungen, die sich zwar reflexiv auf den gerade erreichten Systemzustand beziehen, aber durch ihn nicht determiniert sind. Der Systemzustand geht als Irritation, als Überraschung, als Neuheit in die weitere Kommunikation ein, ohne daß dies Mysterium des Ursprungs, der Herkunft der Neuheit des Neuen mit den Operationen des Systems geklärt werden könnte.[8] Das System setzt sich selbst, ohne durch die eigenen Operationen erreichbar zu sein, als selbsterzeugte Irritation voraus und befasst sich dann mit der Umarbeitung von Irritation in Information, die es für die Gesellschaft (und für sich selbst in der Gesellschaft) produziert. Eben deshalb ist die Realität eines Systems immer ein Korrelat der eigenen Operationen, immer eigene Konstruktion.

---

[8] Auch dies könnte nicht mit den binären Unterscheidungen geschehen, an denen das System seine eigenen Operationen orientiert, oder jedenfalls nicht mit einer zweiwertigen, an Wahrheit/Unwahrheit orientierten Aussagenlogik. Siehe dazu Gotthard Günther, Die historische Kategorie des Neuen, in ders., Beiträge zur Grundlegung einer operationsfähigen Dialektik Bd. 3, Hamburg 1980, S. 183-210; ders., Logik, Zeit, Emanation und Evolution, am selben Ort S. 95-135.

Daß die Massenmedien trotz ihrer operativen Schließung nicht abheben, nicht aus der Gesellschaft ausscheren, wird durch die Themen der Kommunikation gesichert. Themen sind unumgängliche Erfordernisse der Kommunikation.[9] Sie repräsentieren die Fremdreferenz der Kommunikation. Sie organisieren das Gedächtnis der Kommunikation. Sie bündeln Beiträge zu Komplexen des Zusammengehörigen, so daß in der laufenden Kommunikation erkennbar ist, ob ein Thema beibehalten und fortgesetzt oder ob es gewechselt wird. Auf thematischer Ebene kommt es deshalb zu einer laufenden Abstimmung von Fremdreferenz und Selbstreferenz *innerhalb der systemeigenen Kommunikation*.[10] Ein Thema wie AIDS ist nicht ein Eigenprodukt der Massenmedien. Es wird von ihnen nur aufgegriffen, dann aber in einer Weise behandelt und einer Themenkarriere ausgesetzt, die sich aus den Krankheitsbefunden und auch aus der Kommunikation zwischen Ärzten und Patienten nicht erklären läßt.[11] Vor allem ist die öffentliche Rekursivität der Themenbehandlung, die Voraussetzung des Schon-Bekannt-Seins und des Bedarfs für weitere Information, ein typisches Produkt und Fortsetzungserfordernis massenmedialer Kommunikation; und diese Sicherung öffentlicher Rekursivität wirkt dann ihrerseits auf Kommunikationen in der Umwelt der Massenmedien zurück – etwa auf die medizinische Forschung oder auf die Pla-

---

9 Vgl. Niklas Luhmann, Soziale Systeme: Grundriß einer allgemeinen Theorie, Frankfurt 1984, S. 213 ff., 267 ff.
10 Vgl. hierzu Frank Marcinkowski, Publizistik als autopoietisches System, Opladen 1993, S. 46 ff.
11 Man könnte dies näher ausführen im Hinblick auf die *thematische*, aber nicht *medizinische* Nähe zu Themen wie Homosexualität oder Drogenkonsum und ferner zu den *politischen* Herausforderungen, die in der Thematik stecken.

nungen der pharmazeutischen Industrie, die aus politisch angeordneten Zwangstests Milliardenumsätze ziehen könnte.

Themen dienen deshalb der strukturellen Kopplung der Massenmedien mit anderen Gesellschaftsbereichen; und sie sind dabei so elastisch und so diversifizierbar, daß die Massenmedien über ihre Themen alle Gesellschaftsbereiche erreichen können, während die Systeme in der innergesellschaftlichen Umwelt der Massenmedien, etwa die Politik, die Wissenschaft, das Recht, oft Mühe haben, ihre Themen den Massenmedien anzubieten und die sachgemäße Aufnahme des Themas zu erreichen. Der gesellschaftsweite Erfolg der Massenmedien beruht auf der Durchsetzung der Akzeptanz von Themen, und diese ist unabhängig davon, ob zu Informationen, Sinnvorschlägen, erkennbaren Wertungen positiv oder negativ Stellung genommen wird. Oft geht das Interesse am Thema gerade davon aus, daß beides möglich ist.

Nach ihrer Publikation können Themen als bekannt behandelt werden; ja, es kann vorausgesetzt werden, daß sie als bekannt bekannt sind, bei Offenhalten der privaten Meinungen und Beiträge zu den einzelnen Themen – ganz ähnlich wie die Wirkung des Geldmediums auf der Sicherung der Akzeptanz beruht bei Freigabe der individuellen Verwendungszwecke. Und in beiden Fällen variiert das Spektrum der Freigabe individueller Dissense oder Präferenzen von Thema zu Thema und von Preis zu Preis. Solche Einrichtungen durchbrechen die stereotype, allein von Individuen ausgehende Annahme eines wechselseitigen Ausschlußverhältnisses von Konsens und Dissens oder Konformität und Individualität. Durch Steigerung von struktureller Komplexität und durch Evolution geeigneter Medien kann die Gesellschaft von beidem mehr realisieren. Im übrigen sichert das Bekanntsein des Bekanntseins die notwendige Beschleunigung der Kommunikation. Sie kann sich auf Voraussetzbares stützen und sich darauf konzentrieren, jeweils spezifische Überraschungen neu (und als neu) einzuführen.

Ein Beobachter (und das können auch die Organisationen im System der Massenmedien sein) kann zwischen *Themen* und *Funktionen* der Kommunikation unterscheiden. Er kann sich und anderen zum Beispiel sagen: wenn wir diese oder jene Nachricht nicht bringen, wenn wir die Wetterberichte oder neuerdings: die Bioskope streichen, laufen uns die Leser davon. Dazu muß Kommunikation als Kommunikation reflektiert, also Selbstreferenz aktualisiert werden. Die Unterscheidung Themen/Funktionen entspricht der Unterscheidung Fremdreferenz/Selbstreferenz. Mit ihr gewinnt der Beobachter Freiheiten in der Themenwahl und vor allem: im Weglassen von Informationen. Er braucht sich nicht allein durch die Wahrheit motivieren zu lassen und sich damit von Vorgaben abhängig machen. Er kann auch falsche oder möglicherweise falsche Informationen bringen, wenn er die Funktion im Auge behält und den Sensationswert gegen das Risiko möglicher Aufdeckung abwägt.

Gerade am System der Massenmedien lassen sich somit die Konsequenzen erkennen, denen ein System sich ausliefert, das durch operative Schließung eine Differenz von System und Umwelt erzeugt und dadurch genötigt ist, intern zwischen Selbstreferenz und Fremdreferenz zu unterscheiden und diese Unterscheidung an jeweils wechselnden Eigenzuständen zu konkretisieren.

Es kann deshalb gar nicht darum gehen, mit Hilfe dieses Systems, wie immer verzerrt und korrekturbedürftig, zu erkennen, wie die Welt beschaffen ist, und diese Erkenntnis dann allgemein zugänglich zu machen. So mag es die Selbstbeschreibung des Systems verkünden. Ein systemtheoretisch geschulter soziologischer Beobachter wird statt dessen beschreiben, daß und wie das System in selbstkonstruierten Zeithorizonten Operation an Operation anschließt, sich dabei immer erneut auf die eigene Informationslage bezieht, um Neuheiten, Überraschungen und damit Informationswerte ausmachen zu können. Man versteht gut, daß dabei ein Manipulationsverdacht aufkommt. Gerade wenn die Welt nicht so abgebildet werden kann, wie sie ist und wie sie von Moment zu Moment sich verändert, liegt es nahe, statt dessen feste Anhaltspunkte in Interessen zu suchen, die das System in ihrem Sinne manipulieren, also Zustände und Operationen des Systems auf irgendwelche externen Ursachen zuzurechnen. Für das System selbst bleiben das jedoch folgenlose Privatmeinungen, die ihrerseits dem, der sie äußert, zugerechnet werden können. Oder der Verdacht stützt sich auf wissenschaftlich mehr oder weniger gut belegbare Kausaltheorien, über die gelegentlich berichtet werden kann, wenn es sich so fügt. Das System kann solche Kriterien aufgreifen – aber nur in der Form, in der es alles zum Thema massenmedialer Kommunikation machen kann. Der dies fundierende Tatbestand ist und bleibt die operative Schließung und, dadurch bedingt, die konstruktivistische Operationsweise des Systems. Die vordringliche Frage bekommt damit eine gesellschaftstheoretische Wendung. Sie wird lauten müssen, was das für eine Gesellschaft ist, die sich und ihre Welt auf diese Weise beschreibt.

Kapitel 3
Codierung

Die erste Frage, die sich bei einer systemtheoretischen Beschreibung der Massenmedien stellt, muß zu klären suchen, wie die Gesellschaft es überhaupt ermöglicht und zuläßt, daß ein solches System sich ausdifferenziert. Denn an sich kann ja jede Kommunikation an jede Kommunikation anschließen, und die Bedingung dafür ist nur, daß ein Sinnzusammenhang hergestellt werden kann.[1] Es muß daher erklärt werden, wie solche thematisch naheliegenden Anschlußmöglichkeiten *unterbrochen* werden, und zwar in einer Weise unterbrochen werden, die es erlaubt, Grenzen zu ziehen und innerhalb dieser Grenzen durch eine abgesonderte Art von Kommunikation Teilsystemkomplexität aufzubauen.

Anders als in der alteuropäischen Gesellschaftsbeschreibung, etwa in der platonischen Lehre von der po-

---

1 Daß dies eine extrem einschneidende Bedingung ist, braucht hier wohl kaum erläutert zu werden. Wenn man auf der Straße nach dem Weg gefragt wird, kann man im sozialen System nicht dadurch reagieren, daß man Lilli Marleen singt oder zurückfragt, ob der Fragende in der richtigen Weise an Jesus Christus glaubt. Die scharfe Einschränkung der Möglichkeiten einer sinnvollen Fortsetzung der Kommunikation zeigt dem Soziologen an, daß ohne weitere Systemdifferenzierungen die Gesellschaft nur sehr geringe Komplexität erreichen kann.

litisch geordneten Gesellschaft (Politeia, Republik), geschieht dies nicht in der Form der *Einteilung* eines Ganzen an Hand von Wesensverschiedenheiten der Teile. Tatsächlich erfolgen Ausdifferenzierungen in der gesellschaftlichen Evolution nicht in dieser Weise, gleichsam von oben, sondern auf Grund von sehr spezifischen evolutionären Errungenschaften, etwa durch die Erfindung des Münzgeldes[2] mit der Folge der Ausdifferenzierung eines Wirtschaftssystems oder durch die Erfindung von Machtkonzentration in politischen Ämtern[3] mit der Folge der Ausdifferenzierung eines politischen Systems. Erforderlich ist, anders gesagt, eine produktive Differenzierung, die dann unter günstigen Bedingungen zur Emergenz von Systemen führt, an die sich die Gesellschaft im übrigen nur noch anpassen kann.

Für die Ausdifferenzierung eines Systems der Massenmedien dürfte die ausschlaggebende Errungenschaft in der Erfindung von Verbreitungstechnologien gelegen haben, die eine Interaktion unter Anwesenden nicht nur einsparen, sondern für die eigenen Kommunikationen der Massenmedien wirksam ausschließen. Schrift allein hatte diesen Effekt noch nicht, denn sie war zunächst nur als Gedächtnisstütze für primär orale Kommunikation konzipiert worden. Erst der Buchdruck multipli-

---

[2] nicht schon: durch wirtschaftliches Rechnungswesen und auch nicht durch den seit alters bekannten „Kredit", der ja von bestehenden Sozialbindungen und von Vertrauen abhing. Speziell hierzu Michael Hutter, Communication in Economic Evolution: The Case of Money, in: Richard W. England (Hrsg.), Evolutionary Concepts in Contemporary Economics, Ann Arbor 1994, S. 111-136.

[3] also nicht schon: durch die bloße Machtüberlegenheit, die ihrerseits von komplexen Bedingungen sozialer Unterstützung abhing.

ziert das Schriftgut so stark, daß eine mündliche Interaktion *aller* an Kommunikation Beteiligten wirksam *und sichtbar* ausgeschlossen wird.[4] Die Abnehmer machen sich allenfalls quantitativ bemerkbar: durch Absatzzahlen, durch Einschaltquoten, aber nicht entgegenwirkend. Das Quantum ihrer Präsenz kann bezeichnet und interpretiert werden, wird aber nicht über Kommunikation rückvermittelt. Selbstverständlich bleibt mündliche Kommunikation als Reaktion auf Gedrucktes oder Gefunktes möglich. *Aber das Gelingen von planmäßiger Kommunikation hängt davon nicht mehr ab.* So kann im Bereich der Massenmedien ein autopoietisches, sich selbst reproduzierendes System entstehen, das auf Vermittlung durch Interaktionen unter Anwesenden nicht mehr angewiesen ist. Erst damit kommt es zu einer operativen Schließung mit der Folge, daß das System die eigenen Operationen aus sich heraus reproduziert, sie nicht mehr zur Herstellung von interaktionellen Kontakten mit der gesellschaftsinternen Umwelt verwendet[5], son-

---

4 Rückkommunikation wird natürlich nicht schlechthin ausgeschlossen. Sie bleibt in Einzelfällen möglich, zum Beispiel in der Form von Leserbriefen oder in der Form von provozierten Anrufen beim Hörfunk oder bei der Fernsehanstalt. Aber wenn es zu solchen Rückmeldungen kommt, werden sie in die Autopoiesis des Systems einbezogen. Man kann ausgewählte Leserbriefe abdrucken bzw. noch in der laufenden Sendung auf Anrufe eingehen, die auf dem Bildschirm im Senderaum sichtbar gemacht und gegebenenfalls abgerufen und eingefügt werden. Sie dienen der Reproduktion des Systems der Massenmedien und nicht dem Kontakt des Systems mit seiner Umwelt.

5 Auch hier ist vorsorglich anzumerken, daß dies gesellschaftliche Kommunikationen mündlicher, schriftlicher, brieflicher, telephonischer Art und auch organisierte Verantwortung, rechtliche Verbindlichkeit usw. keineswegs ausschließt. Politi-

dern sich *statt dessen* an der systemeige[r]
dung von Selbstreferenz und Fremdref[e]
Das System ist, trotz riesiger Speicherk
gestellt auf *schnelles* Erinnern und Verg

Mit der systemtheoretischen Unters
referenz/Fremdreferenz ist noch nichts darüber
macht, wie das Selbst das Selbst bestimmt, oder anders: wie die Anschlußfähigkeit von Operationen im System erkannt und wie die Differenz von System und Umwelt produziert und laufend reproduziert wird. Dies geschieht im typischen Fall von Funktionssystemen, und so auch im Fall der Massenmedien, durch einen binären Code, der unter Ausschließung dritter Möglichkeiten einen positiven und einen negativen Wert fixiert.[6] Der positive Wert bezeichnet die im System gegebene Anschlußfähigkeit der Operationen: das, womit man etwas anfangen kann. Der negative Wert dient nur der Reflexion der Bedingungen, unter denen der positive Wert eingesetzt werden kann.[7] Der Code ist also eine Zwei-Seiten-Form, eine Unterscheidung, deren Innenseite

---

ker werden individuell zu talk shows eingeladen. Aber, und das ist entscheidend: *Solche Kontakte erfolgen nicht in der spezifischen Weise von Massenkommunikation.*

6 Für andere Fälle siehe Niklas Luhmann, Codierung und Programmierung: Bildung und Selektion im Erziehungssystem, in ders., Soziologische Aufklärung Bd. 4, Opladen 1987, S. 182-201; ders., Die Wirtschaft der Gesellschaft, Frankfurt 1988, S. 85 ff., 187 ff. u.ö.; ders., Die Wissenschaft der Gesellschaft, Frankfurt 1990, S. 194 ff. u.ö.; ders., Das Recht der Gesellschaft, Frankfurt 1993, S. 165 ff.; ders., Die Kunst der Gesellschaft, Frankfurt 1995 (im Druck).

7 Für den umgekehrten Fall kann man auf das Medizinsystem verweisen. Hier ist nur der negative Wert, nur Krankheit operativ anschlußfähig, während Gesundheit nur als Reflexionswert dient.

gesetzt, daß es eine Außenseite gibt. Aber *dieses* n/Außenverhältnis der Form des Code ist nicht zu rwechseln mit der *Differenz von System und Umwelt*.[8] Und die *interne* Grenze des Code, die den Negativwert vom Positivwert trennt, ist nicht zu verwechseln mit der *externen* Grenze, die das System gegen seine Umwelt differenziert. Die Code-Differenz steht, anders gesagt, orthogonal zur Differenz von Selbstreferenz und Fremdreferenz. Sie dient der Selbstbestimmung des Systems. Sie benutzt dazu eine *Unterscheidung*, also nicht ein Prinzip, nicht eine Zielvorstellung, nicht eine Wesensaussage, nicht eine Abschlußformel, sondern eine Leitdifferenz, die noch ganz offenläßt, wie das System seine eigene Identität bezeichnet; und offenläßt auch insofern, als es darüber mehrere Ansichten geben kann, ohne daß diese „Polykontexturalität" der Selbstbeschreibung das System in seinem Operieren behindern würde. Der Code, die *Einheit* dieser spezifischen *Differenz*, genügt, um zu bestimmen, welche Operationen zum System gehören und welche (anders codierten oder gar nicht codierten) Operationen in der Umwelt des Systems ablaufen. Es geht beim Code also um eine Unterscheidung, die die Selbstbeobachtung an Hand der Unterscheidung von System und Umwelt erst ermöglicht.

Der Code des Systems der Massenmedien ist die Unterscheidung von Information und Nichtinformation. Mit Information kann das System arbeiten. Information ist also der positive Wert, der Designationswert, mit dem das System die Möglichkeiten seines eigenen Ope-

---

[8] Diese Verwechslung liefe auf die Naivität gewisser religiöser Moralisten hinaus, die annehmen, daß nur die Gerechten, nicht aber die Sünder zum Reich Gottes gehören (obwohl man schon der Bibel das Gegenteil entnehmen kann).

rierens bezeichnet. Aber um die Freiheit zu haben, etwas als Information ansehen zu können oder auch nicht, muß es auch die Möglichkeit geben, etwas für nichtinformativ zu halten. Ohne einen solchen Reflexionswert wäre das System allem, was kommt, ausgeliefert; und das heißt auch: Es könnte sich nicht von der Umwelt unterscheiden, könnte keine eigene Reduktion von Komplexität, keine eigene Selektion organisieren.

Selbstverständlich ist auch die Information, etwas sei keine Information, informativ. Wie typisch für die Reflexionswerte der Codierungen (zum Beispiel auch: Unrecht muß auf rechtmäßige Weise als Unrecht behandelt werden können) läuft das System hier in einen unendlichen Regress. Es macht seine Operationen abhängig von Bedingungen, die es nicht, aber dann doch ermitteln kann. Das Problem des unendlichen Regresses stellt sich aber nur bei einer Suche nach Letztbegründungen, und dazu hat das Mediensystem ohnehin keine Zeit. In der Praxis wird der unendliche Regress durch eine weitere Unterscheidung gestoppt: die von Codierung und Programmierung. Es muß im System einen (möglicherweise änderbaren) Satz von Regeln geben, die das Paradox der Informativität der Nichtinformation auflösen, eben die Programme, mit deren Hilfe man entscheiden kann, ob etwas im System als informativ behandelt werden kann oder nicht.

Wollte man den Horizont dessen, was möglicherweise geschehen kann, ins gänzlich Unbestimmte ausfließen lassen, würden Informationen als arbiträr erscheinen und nicht als Überraschung. Man würde mit ihnen nichts anfangen können, weil sie nichts anbieten, was man lernen könnte, und weil sie nicht in Redundanzen umgeformt werden können, die einschränken, was weiterhin zu erwarten ist. Deshalb ist alle Information auf Kategorisierungen angewiesen, die Möglichkeitsräume abstecken, in denen der Auswahlbereich für das, was als Kommunikation geschehen kann, vorstrukturiert ist. Das ist nur eine andere Formulierung für die These, daß der Code Information/Nichtinformation nicht genügt, sondern daß zusätzlich Programme erforderlich sind, die das, was als Information erwartet werden kann bzw. ohne Informationswert bleibt, aufgliedern in Selektionsbereiche wie Sport oder Astrophysik, Politik oder moderne Kunst, Unfälle oder Katastrophen. Der Einheit und Invarianz des Code entspricht dann eine Pluralität solcher Programme oder, anders gesagt, eine doppelstufige Selektion des Selektionsbereichs und der konkreten Information, die erst durch Zuordnung zu einem „Woraus" anderer Möglichkeiten verständlich wird.

Die komplexe, in sich zurücklaufende Verweisungsstruktur der Codierung von Massenmedien und die Notwendigkeit, sie durch Vorgabe von Programmbereichen aufzubrechen, führen zu der Frage, wie man den Begriff der Information dieser Inanspruchnahme anpassen kann. Informationen werden selbstverständlich überall verarbeitet, wo Bewußtsein oder Kommunikation am Werk ist. Ohne Information keine Kommunikation, denn schließlich muß über etwas gesprochen werden, das eine Mitteilung lohnt.[9] Gerade diese Univer-

---

9 Man wird hier anmerken müssen, daß besonders in Interaktionen unter Anwesenden und in Gesellschaften, die nur diese Kommunikationsweise kennen, der Informationswert von Mitteilungen marginalisiert werden kann. Es muß auch dann geredet werden, wenn man nichts zu sagen hat, weil nur durch Beteiligung an Kommunikation Gutwilligkeit und Zugehörigkeit zum Ausdruck gebracht werden kann und ande-

salpräsenz von Information in allen sinnhaften Operationen macht es aber möglich, auf die Vorstellung zu verzichten, Informationen könnten, wie kleine Partikelchen, von System zu System transportiert werden; sie seien gleichsam unabhängig vom Benutzer vorhanden. Wenn es zur operativen Schließung von Systemen kommt, kommt es auch zu einer Schließung der Informationsverarbeitung (was natürlich niemals heißt, daß das System in einen Zustand freischwebender kausaler Unabhängigkeit gerät). Diesen Anforderungen entspricht der Informationsbegriff von Gregory Bateson: Information ist danach „irgendein Unterschied, der bei einem späteren Ereignis einen Unterschied ausmacht".[10]

Die Implikationen dieses Begriffsvorschlags erfordern eine etwas genauere Analyse. Die *Einheit* des Begriffs

---

renfalls ein Verdacht böser Absichten aufkäme. Siehe z.B. Bronislaw Malinowski, The Problem of Meaning in Primitive Languages, in: C.K. Ogden/I.A. Richards, The Meaning of Meaning: A Study of the Influence of Language upon Thought and of the Science of Symbolism, London 1923, 10. Aufl., 5. Druck 1960, S. 296-336; Lorna Marshall, Sharing, Talking, and Giving: Relief of Social Tensions Among !Kung Bushmen, Africa 31 (1961), S. 231-249. Ruesch und Bateson a.a.O. (1951/68) S. 213 f. behandeln diesen Sachverhalt (für moderne Verhältnisse) als Auflösung eines Paradoxes durch positive Metacommunication. Man kommuniziert „we are communicating", während es paradox wäre zu kommunizieren: „we are not communicating". Im System der Massenkommunikation findet man das entsprechende Problem nicht mehr auf der Ebene der Kommunikation, denn hier herrscht der Code Information/Nichtinformation; wohl aber als organisatorischer Zwang, die Seiten bzw. die Sendezeiten zu füllen; und sei es durch mehr erzählte Geschichten, durch Ausmalungen, durch Musik.

10 Siehe Gregory Bateson, Ökologie des Geistes: Anthropologische, psychologische, biologische und epistemologische Perspektiven, dt. Übers. Frankfurt 1981, S. 488.

Information wird in *zwei* Unterschiede aufgebrochen, die miteinander kausal gekoppelt sind. Das ermöglicht es, dem Umstande Rechnung zu tragen, daß keineswegs jeder Unterschied einen Unterschied macht.[11] Sowohl die Wahrnehmung als auch die Sprache stellen ein Übermaß an Unterscheidungen bereit; und selbst wenn man es auf die jeweils aktualisierten Unterschiede einschränkt, also auf das, was im Moment gesehen oder gesagt wird, ist es immer noch viel mehr, als zur Formierung eines Unterschiedes in den Prämissen weiterer Operationen genutzt wird. Die Wahrnehmung focussiert etwas Bestimmtes in einem Kontext, der mitgesehen wird. Sätze verwenden viele Worte, also viele Unterscheidungen, um etwas Bestimmtes zu sagen. Aber nur das, was kurzfristig oder längerfristig im Gedächtnis bleibt, „macht den Unterschied".

Dies selektive Erarbeiten von Informationen kann nur als Systemleistung zureichend begriffen werden, und das heißt: als systeminterner Prozeß. Die Einheit von Information ist das Produkt eines Systems – bei Wahrnehmung eines psychischen, bei Kommunikation eines sozialen Systems. Man muß also immer klären, welches System diese Unterschiede macht; oder mit Spencer Brown: welches System die alle Distinktheit erzeugende Weisung: draw a distinction, ausführt.[12]

Geht man zusätzlich von der Theorie operativ geschlossener Systeme der Informationsverarbeitung aus,

---

[11] Es ist zum Beispiel der Sinn einer mathematischen Gleichung, einen Unterschied zu behaupten, der keinen Unterschied macht. Das heißt auch, daß die Gleichungsmathematik Information vernichtet und Zeit (eben: den *späteren* Unterschied) neutralisiert.

[12] Siehe George Spencer Brown a.a.O. (1979), S. 3.

muß Informationserzeugung und Informationsverarbeitung innerhalb derselben Systemgrenzen erfolgen, und *beide* Unterschiede, auf die die Definition Batesons abstellt, müssen *Unterscheidungen desselben Systems sein*. Es gibt demnach keine Informationsübertragungen von System zu System. Allerdings können Systeme Informationen erzeugen, die zwischen ihren Subsystemen kursieren. Man muß also immer die Systemreferenz benennen, die bei einer Verwendung des Informationsbegriffs vorausgesetzt ist. Denn anderenfalls bleibt unklar, was überhaupt gemeint ist.[13]

Die wohl wichtigste Besonderheit des Codes Information/Nichtinformation liegt in dessen Verhältnis zur Zeit. Informationen lassen sich nicht wiederholen; sie werden, sobald sie Ereignis werden, zur Nichtinformation. Eine Nachricht, die ein zweites Mal gebracht wird, behält zwar ihren Sinn, verliert aber ihren Informationswert.[14] Wenn Information als Codewert benutzt wird, heißt dies also, daß die Operationen des Systems ständig und zwangsläufig Information in Nichtinformation verwandeln.[15] Das Kreuzen der Grenze vom Wert zum

---

13 Der Leser wird vielleicht bemerken, daß diese Aussage mit den Ausführungen über operativen Konstruktivismus korrespondiert.
14 Siehe zu dieser Unterscheidung Donald M. MacKay, Information, Mechanism and Meaning, Cambridge Mass. 1969.
15 Hier liegt ein wichtiger Unterschied zwischen dem Code der Massenmedien und dem Code des Kunstsystems. Kunstwerke müssen eine hinreichende Ambiguität, eine Mehrzahl möglicher Lesarten aufweisen. Besonders in der modernen Kunst wird dieses Merkmal provokatorisch bis an äußerste Grenzen getrieben. Das ist das Thema von Umberto Eco, Opera aperta, (1962), 6. Aufl. Milano 1988. Und vielleicht ist diese Tendenz zu extremen Anforderungen an den Beobachter ihrerseits eine Reaktion auf die Massenmedien und die Möglichkeiten auch

Gegenwert geschieht automatisch mit der bloßen Autopoiesis des Systems. Das System führt ständig den eigenen Output, nämlich Bekanntheit von Sachverhalten, in das System wieder ein, und zwar auf der Negativseite des Codes, als Nichtinformation; und es zwingt sich dadurch selbst, ständig für neue Information zu sorgen.[16] Mit anderen Worten: Das System veraltet sich selber. Fast könnte man daher meinen, es verwende letztlich den Code neu/alt, gäbe es nicht auch andere, sachliche Gründe, eine Information nicht zu bringen. Diese Automatik schließt natürlich die Möglichkeit des Wiederholens nicht aus. Vor allem die Werbung macht davon Gebrauch. Aber dann muß die Reflexivfigur des Informationswertes der Nichtinformation benutzt werden, etwa als Indikator von Wichtigkeit und Erinnerns-

---

    der technischen Vervielfältigung von Kunstwerken. Finnegans Wake ist ein einziger Protest gegen das Gelesenwerden; so wie umgekehrt die Schreibstilempfehlungen, die den Journalisten schon in ihrer Ausbildung eingebläut werden, den Tendenzen zum offenen Kunstwerk diametral entgegengerichtet sind. Vgl. z.B. Harold Evans, Newsman's English, New York 1972. Im postmodernen Jargon spricht man von „readerly" („lisible") text, um Textkunst von derartigen Anforderungen freizustellen.

16 Marcinkowski a.a.O. S. 65 ff. sieht dem Code des Systems in der Unterscheidung öffentlich/nichtöffentlich mit dem Positivwert des Öffentlichen. Das kann jedoch die eigentümliche Dynamik des Systems nicht erklären, die sich daraus ergibt, daß das System mit bereits Veröffentlichtem nichts mehr anfangen kann. Mit dem Output oder dem „Zweck" der Veröffentlichung beendet das System seine eigenen Operationen ständig selbst und kann daraufhin nur weitermachen, wenn es das bereits Bekannte als Negativwert behandelt, an dem es messen kann, was als noch Unbekanntes zur Veröffentlichung in Betracht kommt. Die Autopoiesis besteht mithin in einem ständigen Umtausch der Werte positiv gegen negativ.

würdigkeit: Dieselbe Anzeige wird mehrfach wiederholt, um auf diese Weise den Leser, der die Wiederholung bemerkt, über den Wert des Produktes zu informieren.

Durch die Evolution der Massenmedien gewinnt diese ständige Deaktualisierung von Information, dieser ständige Informationsverlust zusätzliches Gewicht. An sich erzeugt jede Kommunikation soziale Redundanz. Wenn eine Information mitgeteilt wird, kann man nicht nur beim Mitteilenden, sondern auch bei allen anderen nachfragen, die die Information erhalten und verstanden haben. Wenn man beim Mitteilenden nachfragt und danach beim Empfänger, erhält man keine neue Information.[17] Dies mag geringe soziale Bedeutung haben, solange es bei einer gleichsam privaten Kommunikation bleibt und sich allenfalls Gerüchte bilden, die die Information so verzerren, daß sie immer noch und immer wieder interessant ist. Die Massenmedien streuen Information jedoch so breit, daß man im nächsten Moment unterstellen muß, daß sie allen bekannt ist (oder daß es mit Ansehensverlust verbunden wäre und daher nicht zugegeben wird, wenn sie nicht bekannt war). Wir hatten bereits von Bekanntsein des Bekanntseins gesprochen und weisen jetzt nur noch auf die notwendig fiktionale Komponente dieses Modus der Informationsverarbeitung hin. Insofern bewirken Massenmedien gesellschaftsweite soziale Redundanz, also den unmittelbar anschließenden Bedarf für neue Information. So wie die auf der Basis von Geldzahlungen ausdifferenzierte Wirtschaft den unaufhörlichen Bedarf erzeugt, ausgegebe-

---

17 Siehe dazu Gregory Bateson a.a.O. (1981), S. 524 f.

nes Geld zu ersetzen, so erzeugen die Massenmedien den Bedarf, redundierte Information durch neue Information zu ersetzen: fresh money und new information sind zentrale Motive der modernen Gesellschaftsdynamik.

Hinter den viel diskutierten Eigenarten moderner Zeitstrukturen wie Dominanz des Vergangenheit/Zukunft-Schemas, Uniformisierung der Weltzeit, Beschleunigung, Ausdehnung der Gleichzeitigkeit auf Ungleichzeitiges stecken also vermutlich neben der Geldwirtschaft die Massenmedien. Sie erzeugen die Zeit, die sie voraussetzen, und die Gesellschaft paßt sich dem an. Der geradezu neurotische Zwang in Wirtschaft, Politik, Wissenschaft und Kunst, etwas Neues bieten zu müssen (obwohl niemand weiß, woher die Neuheit des Neuen kommt und wie groß der Vorrat ist), bietet dafür einen eindrucksvollen Beleg. Auch fällt auf, daß die moderne Gesellschaft mit der Selbstbezeichnung als „modern" eine Bewertung verbindet[18], die positiv oder auch negativ ausfallen kann je nach dem, ob die (unbekannte) Zu-

---

18 Das fällt auf im Vergleich zur mittelalterlichen und frühmodernen Rhetorik, die mit „antiqui" und „moderni" oder dann „anciens" und „modernes" einfach nur die früher und die jetzt Lebenden bezeichnet und die Bewertung der rhetorischen Disposition überlassen hatte. Vgl. dazu Literatur zur querelle vor der „querelle", etwa August Buck, Die „querelle des anciens et des modernes" im italienischen Selbstverständnis der Renaissance und des Barock, Wiesbaden 1973; Elisabeth Goessmann, Antiqui und Moderni im Mittelalter: Eine geschichtliche Standortbestimmung, München 1974, oder Robert Black, Ancients and Moderns in the Renaissance: Rhetoric and History in Accolti's *Dialogue* of the Preeminence of Men of His Own Time, Journal of the History of Ideas 43 (1982), S. 3-32.

kunft optimistisch oder pessimistisch beurteilt wird.[19] Diese zwanghafte Notwendigkeit der Selbstbewertung dürfte dadurch ausgelöst sein, daß die Massenmedien täglich neu informieren und damit einen Bedarf für ein Gesamturteil erzeugen – und befriedigen. Auch die zunehmend akademische Reflexion der akademischen Diskussion der Moderne[20] bedient sich, anders wäre das Tempo und die Massenhaftigkeit der Publikationen selbst auf dieser realitätsfernen Ebene nicht zu erreichen, des Buchdrucks. Um daraufhin noch etwas Neues sagen zu können, spricht man schließlich sogar von „Postmoderne".[21]

Betrachtet man dies Bemühen um Neues als wiederholten Impuls, also als Prozeß, so wird deutlich, daß dieser Prozeß aus *zwei* Reihen besteht, die er kombiniert und dann wie eine behandelt.[22] Wenn etwas, im Zeitlauf gesehen, als „neu" bezeichnet wird, wird etwas anderes damit „alt"; und dies, obwohl es in dem Zeitpunkt, in dem es aktuell war, ebenfalls neu war. Als Beobach-

---

19 Alle möglichen Kombinationen sind dann denkbar – zum Beispiel eine tiefliegende Ambivalenz bei Rousseau oder eine trotzige, kontrafaktische und deshalb normative Positivwertung des „Modernen" bei Habermas.
20 Siehe etwa Paul de Man, Literary History and Literary Modernity (1969), in ders., Blindness and Insight: Essays in the Rhetoric of Contemporary Criticism, 2. Aufl. London 1983, S. 142-165, oder Jürgen Habermas, Der philosophische Diskurs der Moderne: Zwölf Vorlesungen, Frankfurt 1985.
21 Die soziologischen Merkwürdigkeiten (und Verlegenheiten) einer solchen Diskussion findet man ausgebreitet bei Jeffrey C. Alexander, Modern, Anti, Post, and Neo: How Social Theories have Tried to Understand the „New World" of „Our Time", Zeitschrift für Soziologie 23 (1994), S. 165-197.
22 Vgl. dazu Gilles Deleuze, Logique du sens, Paris 1969, insb. S. 9 ff.

tungsschema gesehen, ist neu/alt eben ein und nur ein bestimmtes Schema. Ohne Gegenbegriff, ohne andere Seite kann die Form nicht funktionieren. Dann entwertet aber die Präferenz für Neues das, was durch sie selbst als alt deklariert wird. Die (für uns) alte Gesellschaft der Vormoderne hatte daher gute Gründe, der „Neugier" (curiositas) zu mißtrauen und sich diese Selbstentwertung der Institutionen nicht gefallen zu lassen. Wir dagegen helfen uns mit der hochselektiven Aufwertung bestimmter Arten von Altsein zu Oldtimern, Klassikern, Antiquitäten, zu denen wir dann wieder neue Informationen, Preise, Interpretationen erzeugen können. Auch wir kennen also Formen, mit denen wir dem neu = alt Paradox begegnen können.

Mit einem weiteren Theorieschritt kann man die Funktion der Informationskomponente in den Operationen bewußter bzw. kommunikativer Systeme genauer bestimmen. Als Folge dieser auf Information abstellenden Codierung entsteht in der Gesellschaft eine spezifische Unruhe und Irritierbarkeit, die dann mit der Täglichkeit der Wirksamkeit von Massenmedien und mit ihren unterschiedlichen Programmformen wiederaufgefangen werden kann.[23] Wenn man ständig auf Überraschungen gefaßt sein muß, mag es ein Trost sein, daß man morgen mehr wissen wird. Insofern dienen die Massenmedien der Erzeugung und Verarbeitung von Irritation.[24] Auch der Begriff der Irritation gehört in die

---

23 Vgl. zum Folgenden auch Marcinkowski a.a.O. (1993), insb. S. 133 ff.
24 Vor dem Zeitalter der Massenmedien hatte man von „admiratio" (= Staunen, Bewunderung, Verwunderung, Schrecken aus Anlaß von Abweichungen) gesprochen. Das setzt externe Anlässe und ihr Auftreten als Ausnahme voraus. Wenn die

Theorie operativ geschlossener Systeme und bezeichnet die Form, mit der ein System Resonanz auf Umweltereignisse erzeugen kann, obwohl die eigenen Operationen nur systemintern zirkulieren und sich nicht dazu eignen, einen Kontakt zur Umwelt herzustellen (was ja heißen müßte, daß sie halb drinnen, halb draußen ablaufen). Dies Konzept der Irritation erklärt die Zweiteiligkeit des Informationsbegriffs. Die eine Komponente ist freigestellt, einen Unterschied zu registrieren, der sich als Abweichung von dem einzeichnet, was schon bekannt ist. Die zweite Komponente bezeichnet die daraufhin erfolgende Änderung der Strukturen des Systems, also die Eingliederung in das, was für die weiteren Operationen als Systemzustand vorausgesetzt werden kann. Es geht, wie gesagt, um einen Unterschied, der einen Unterschied macht.

Massenmedien halten, könnte man deshalb auch sagen, die Gesellschaft wach. Sie erzeugen eine ständig erneuerte Bereitschaft, mit Überraschungen, ja mit Störungen zu rechnen.[25] Insofern „passen" die Massenme-

---

Massenmedien Neuigkeiten normalisieren, muß der dazu passende Begriff generalisiert werden. Siehe dazu auch Niklas Luhmann, Die Behandlung von Irritationen: Abweichung oder Neuheit?, in ders., Gesellschaftsstruktur und Semantik Bd. 4, Frankfurt 1995. Im übrigen kann nicht admiratio, sondern erst Irritation oder Irritabilität als Argument im Kontext einer Evolutionstheorie verwendet werden. Dies vor allem seit Jean-Baptiste Pierre Antoine de Monet de Lamarck, Philosophie zoologique, Paris 1809.

25 Innerhalb der Parsonsschen Theoriearchitektur ist für diese Unruhe-Funktion kein Platz vorgesehen. Anhänger dieser Theorie verorten die Massenmedien daher im Bereich der integrativen Funktion und des Mediums „Einfluß". Siehe vor allem Harry M. Johnson, The Mass Media, Ideology, and Community Standards, in: Jan J. Loubser et al. (Hrsg.), Explora-

dien zu der beschleunigten Eigendynamik anderer Funktionssysteme wie Wirtschaft, Wissenschaft und Politik, die die Gesellschaft ständig mit neuen Problemen konfrontieren.

---

tions in General Theory in Social Sciences: Essays in Honor of Talcott Parsons, New York 1976, Bd. 2, S. 609-638, und Jeffrey C. Alexander, The Mass Media in Systematic, Historical, and Comparative Perspective, in: Jeffrey C. Alexander/Paul Colomy (Hrsg.), Differentiation Theory and Social Change: Comparative and Historical Perspectives, New York 1990, S. 323-366. Das ist aus verschiedenen Gründen, zum Beispiel im Hinblick auf die Präferenz für die Darstellung von Konflikten und von Normabweichungen, problematisch. Und allgemein wird man überlegen müssen, ob die Primärorientierung der Massenmedien überhaupt in der Sozialdimension liegt oder nicht eher in der Zeitdimension.

Kapitel 4
Systemspezifischer Universalismus

Wie in anderen Funktionssystemen auch ist ein besonderer Code Voraussetzung für die Ausdifferenzierung eines besonderen Funktionssystems der Gesellschaft. Unter „Ausdifferenzierung" ist die Emergenz eines besonderen Teilsystems der Gesellschaft zu verstehen, das die Merkmale der Systembildung, vor allem autopoietische Selbstreproduktion, Selbstorganisation, Strukturdeterminiertheit und mit all dem: operative Schließung selbst realisiert. Es handelt sich in einem solchen Falle nicht nur um ein Phänomen, das ein Beobachter, der es darauf anlegt, unterscheiden kann. Sondern das System unterscheidet sich selbst. Die Analyse des Systems der Massenmedien liegt deshalb auf derselben Ebene wie die Analyse des Wirtschaftssystems, des Rechtssystems, des politischen Systems usw. der Gesellschaft und hat über alle Unterschiede hinweg auf Vergleichbarkeit zu achten. Der Aufweis eines funktionssystemspezifischen Codes, der nur in dem betreffenden System als Leitdifferenz benutzt wird, ist ein erster Schritt in diese Richtung.[1]

---
1 Als Leitdifferenz – das muß vielleicht kommentiert werden. Es versteht sich von selbst, daß alle Systeme die sie interessierenden Informationen unterscheiden und insofern einen Leerraum der Nichtinformation erzeugen. Aber nur das Sy-

Zu den wichtigsten Konsequenzen einer solchen Ausdifferenzierung zählt ein Komplementärverhältnis von *Universalismus* und *Spezifikation*.[2] Auf der Basis der eigenen Ausdifferenzierung kann das System sich selbst, seine eigene Funktion, seine eigene Praxis voraussetzen als Bezugspunkt der Spezifikation seiner eigenen Operationen. Es tut nur das und kann nur das tun, was intern nach Struktur und historischer Lage des Systems anschlußfähig ist. Genau damit ist aber auch die Voraussetzung dafür geschaffen, daß es sich um alles kümmern kann, was für die eigene Kommunikation thematisierbar ist. Daraus ergibt sich eine Universalzuständigkeit für die eigene Funktion. Es gibt keine Sachverhalte, die ihrem Wesen nach für die Behandlung in den Massenmedien ungeeignet wären. (Daß es juristische Verbote geben kann oder auch politische Konventionen, bestimmte Informationen nicht oder noch nicht zu publizieren, soll damit nicht bestritten sein.) In der Kontrolle ihrer eigenen Selektivität sind die Massenmedien autonom. Um so stärker fällt diese eigene Selektivität in Gewicht. Um so größer ist deren Aufmerksamkeitswert.

In historischer Perspektive darf man vermuten, daß die bereits sichtbare Selektionsweise der Massenmedien zugleich eine Fernsteuerung durch politische oder religiöse oder neuerdings militärische Stellen sichtbar –

---

stem der Massenmedien reflektiert diese Differenz, um erkennen zu können, welche Operationen zum System gehören und welche nicht.

2 Dies sind Parsonssche Begriffe. Zur Anwendung auf die Theorie der Massenmedien siehe auch Jeffrey C. Alexander, The Mass News Media in Systemic, Historical and Comparative Perspective, in: Elihu Katz/Tamás Szecsko (Hrsg.), Mass Media and Social Change, London 1981, S. 19-51.

und kritisierbar macht. Eine solche Kritik kann sich aber nicht damit begnügen, in den Massenmedien Platz für die eigene Parteilichkeit zu fordern. Das würde die Massenmedien zu einem Forum für spezifisch politische oder religiöse oder ideologische Auseinandersetzungen machen, die dann von einer eigenständigen Funktion nicht viel übrig ließen. Eine Tendenzpresse kann es geben – wenn es *nicht nur* sie gibt, sondern man sich auch unabhängig informieren kann. Sie ist im übrigen typisch subventionsbedürftig, wird also durch den Markt des Wirtschaftssystems nicht unterstützt. Die wirksamere Form der Kritik wird daher im Wunsch nach verläßlicher Information gelegen haben. Zumindest wird man es nicht als reinen Zufall ansehen können, daß angesichts sichtbarer Selektivität eine selbstselektiv spezifizierte Universalität eine Chance erhält.

Diese Erwartung mag schließlich durch eine sich durchsetzende Binnendifferenzierung unterschiedlicher Programmbereiche gestärkt worden sein. Ohne Absicht auf eine systematische Deduktion und Begründung einer geschlossenen Typologie unterscheiden wir rein induktiv: Nachrichten und Berichte (Kap. 5), Werbung (Kap. 7) und Unterhaltung (Kap. 8).[3] Jeder dieser Bereiche benutzt den Code Information/Nichtinformation, wenngleich in sehr verschiedenen Ausführungen; aber sie unterscheiden sich auf Grund der Kriterien, die der Auswahl von Informationen zugrundegelegt werden. Deshalb werden wir auch von Programmbereichen (und nicht von Subsystemen) sprechen. Dabei sollen Über-

---

3 Siehe zum Zusammenspiel dieser Bereiche unter entwicklungsgeschichtlicher Perspektive Michael Schudson, Discovering the News: A Social History of American Newspapers, New York 1978.

schneidungen nicht ausgeschlossen sein, und vor allem wird man in jedem dieser Bereiche eine rekursive Vernetzung mit dem feststellen können, was als moralische Überzeugungen und als typische Präferenzen des Publikums unterstellt wird. Dennoch unterscheiden diese Bereiche sich, wie wir zeigen wollen, deutlich genug, um ihre Differenzierung als wichtigste interne Struktur des Systems der Massenmedien wirken zu lassen.

Kapitel 5
Nachrichten und Berichte

Am deutlichsten ist der Programmbereich Nachrichten und Berichte als Erarbeitung/Verarbeitung von Informationen erkennbar. In diesem Bereich verbreiten die Massenmedien Ignoranz in der Form von Tatsachen, die ständig erneuert werden müssen, damit man es nicht merkt. Wir sind an tägliche Nachrichten gewöhnt, aber man sollte sich trotzdem die evolutionäre Unwahrscheinlichkeit einer solchen Annahme vor Augen führen. Gerade wenn man mit Nachrichten die Vorstellung des Überraschenden, Neuen, Interessanten, Mitteilungswürdigen verbindet, liegt es ja viel näher, nicht täglich im gleichen Format darüber zu berichten, sondern darauf zu warten, daß etwas geschieht und es dann bekannt zu machen. So das 16. Jahrhundert in der Form von Flugblättern, Balladen, Kriminalgeschichten aus Anlaß von Hinrichtungen etc.[1] Es gehörte beachtlicher

---

1 Siehe hierzu neben den üblichen Geschichten des Zeitungswesens Lennard J. Davis, Factual Fictions: The Origins of the English Novel, New York 1983, S. 42 ff. An dem von Davis ausgewerteten Material zeigt sich im übrigen, daß die Notwendigkeit, Neues zu bringen und dies als Marketing-Argument zu verwenden, im 16. Jahrhundert zunächst im *Unterhaltungssektor* und für Billigprodukte der Druckpresse auftrat, deutlich bevor die Wissenschaften mit einem auf neue Fakten und Faktenerklärungen spezialisierten Wahrheitsbegriff nachzogen.

Unternehmensgeist, eine zunächst sicher risikoreiche Markteinschätzung und eine für Informationsbeschaffung ausreichende Organisation dazu, wenn man ein Unternehmen starten wollte auf Grund der Erwartung, daß auch nächste Woche genügend druckbare Informationen anfallen würden. Für Zeitgenossen, Ben Jonson zum Beispiel[2], *beweist* die serielle Produktion von Neuigkeiten geradezu, daß es sich um Betrug handeln müsse. Es mag dann eine Übergangshilfe gewesen sein, daß man zwischen Nachrichten und Unterhaltung im selben Medium nicht unterscheiden mußte und daß Nachrichten, ob nun wahr oder nicht, wenigstens unterhaltsam präsentiert wurden. Außerdem mußte ein dafür geeigneter Stil erfunden werden, der für relativ unbekannte Kontexte den Eindruck vermittelte, daß etwas schon passiert, aber gerade erst passiert ist – also eigentlich weder in den normalen tempus-Formen der Vergangenheit noch der Gegenwart vorgestellt werden

---

2 Siehe die Komödie „The Staple of News" (Erstaufführung 1625, erster Druck 1631, zit. nach der Ausgabe Ben Jonson (eds. C.H. Herford Precy/Evelyn Simpson) Bd. VI, Oxford 1966, S. 277-382), besonders die Einfügung „To the *Readers*" nach dem zweiten Akt (S. 325): „but *Newes* made like times *Newes*, (a weekly cheat to draw mony) and could not be fitter reprehended, then in raising this ridiculous *Office* of the *Staple*. Wherein the age may see her owne folly, or hunger and thirst after publish'd pamphlets of *Newes*, set out every Saturday, but made all at home, & no syllable of truth in them". Die Kritik schließt also aus der *Organisation* der Neuigkeitenproduktion auf *Unwahrheit*. Im selben Stück stößt man aber auch auf Zeichen von Verwunderung/Bewunderung:
„Sir, I admire,
The method o' your place; all things within't
Are so digested, fitted, and compos'd
As it shewes *Wit* has married *Order*."
Act I Scene V Zeile 66-69 (a.a.O. S. 295).

konnte. Es muß mit allen Mitteln einer eigens dafür ausgebildeten journalistischen Schreibweise der Eindruck erweckt werden, als ob das gerade Vergangene noch Gegenwart sei, noch interessiere, noch informiere. Dafür genügt die Andeutung einer Kontinuität, die vom letzten bekannten Stand der Dinge ausgeht und über die Gegenwart hinaus bis in die unmittelbar bevorstehende Zukunft reicht, so daß zugleich verständlich wird, wieso man an der Information interessiert sein kann. Ereignisse müssen als Ereignisse dramatisiert – und in der Zeit aufgehoben werden. In einer Zeit, die auf diese Weise schneller zu fließen beginnt. Die gesellschaftsweite Beobachtung der Ereignisse ereignet sich nun nahezu gleichzeitig mit den Ereignissen selbst.

Man kann, wenn man diese evolutionäre Transformation von Unwahrscheinlichkeit in Wahrscheinlichkeit bedenkt, gut einsehen, daß es gerade in diesem Sektor dessen, was dann später Massenmedien sein werden, zu einer Professionalisierung gekommen ist, die wir heute unter dem Namen Journalismus kennen. Nur hier sind professionstypische Tendenzen wie: eigene Ausbildungen, eine eigene, öffentlich akzeptierte Berufsbezeichnung und selbstproklamierte Kriterien guter Arbeit erkennbar.[3] Bei Informationen, die im Modus der Nachrichten und Berichterstattung angeboten werden, wird vorausgesetzt und geglaubt, daß sie zutreffen, daß sie wahr sind. Es mag zu Irrtümern kommen und ge-

---

3 Bei eher professionssoziologischen Ansätzen findet man denn auch eine auf „Journalismus" bezogene Betrachtungsweise, die andere Formen medientechnischer Verbreitung außer acht läßt. Siehe neuestens Bernd Blöbaum, Journalismus als soziales System: Geschichte, Ausdifferenzierung und Verselbständigung, Opladen 1994.

legentlich auch zu gezielten Falschmeldungen, die sich aber häufig später aufklären lassen. Die Betroffenen haben das Recht, eine Korrektur zu verlangen. Das Ansehen von Journalisten, Zeitungen, Redakteuren etc. hängt davon ab, daß sie gut oder doch ausreichend recherchieren. Falschmeldungen werden daher eher von außen lanciert. Oft schützt man sich durch Quellenangaben, in anderen Fällen kommt es bei Irrtümern zu externalisierenden Erklärungen. Selbstverständlich muß, wie überall, mit Fehlerquoten gerechnet werden. Wichtig ist, daß sie nicht hochgerechnet werden zu einem mehr oder weniger typischen Normalfall. Es bleiben Einzelereignisse; denn anderenfalls würde die Besonderheit dieses Programmbereichs Nachrichten und Berichte zusammenbrechen. Mit Wahrheiten dient die Profession der Gesellschaft (sie selbst eingeschlossen). Für Unwahrheiten braucht man besondere Interessen, die sich nicht generalisieren lassen.

Aber Wahres interessiert die Massenmedien nur unter stark limitierenden Bedingungen, die sich von denen wissenschaftlicher Forschung deutlich unterscheiden. Nicht in der Wahrheit liegt deshalb das Problem, sondern in der unvermeidlichen, aber auch gewollten und geregelten Selektivität. So wenig, wie Landkarten in der Größe und in allen Details dem Territorium entsprechen können, und so wenig Tristram Shandy in der Lage war, sein gelebtes Leben zu erzählen, so wenig kann es eine Punkt-für-Punkt Korrespondenz zwischen Information und Sachverhalt, zwischen der operativen und der repräsentierten Realität geben. Das Verhältnis des Systems zu seiner Umwelt ist aber auch nicht einfach ein Verhältnis der einseitigen Reduktion von Komplexität. Vielmehr werden durch Ausdifferenzierung, Brechung der externen Determination und operative Schließung intern Überschüsse an Kommunikationsmöglichkeiten, also hohe Freiheitsgrade geschaffen, die zur Folge haben, daß das System *sich selbst Beschränkungen auferlegen muß – und kann*! Der Unterscheidung von Fremdreferenz und Selbstreferenz entspricht die Unterscheidung von externer und interner Komplexität. Diese Doppelung hat den Sinn, einer Umwelt gegenüber, die ist, wie sie ist, Autonomie zu erzeugen und der als determiniert unterstellbaren Umwelt Freiheit zur Selektion entgegenzusetzen, also in eine determinierte, wenn auch unbekannte Welt[4] einen Bereich der Selbstdetermination einzubringen, der dann im System selbst als eigenstrukturdeterminiert behandelt werden kann.

Aus empirischen Forschungen kennt man wichtige Kriterien für die Selektion von Informationen für Verbreitung als Nachricht oder als Bericht.[5] Information

---

4 Und wenn unbekannt, dann kann auch unbekannt bleiben, ob sie überhaupt determiniert ist oder nicht. Dies kann offen (und den Philosophen überlassen) bleiben, denn es würde im einen wie im anderen Falle keinen Unterschied machen. Anders gesagt: es liegt in *dieser* Frage *keine Chance für Information*.

5 Die Anregung zu dieser Frage nach Nachrichtenfaktoren oder nach dem Nachrichtenwert möglicher Meldungen stammt von Johann Galtung/Marie Holmboe Ruge, The Structure of Foreign News, Journal of Peace Research 2 (1965), S. 64-91. Für eine typische Liste, in der allerdings Wichtiges fehlt und anderes stärker aufgegliedert ist, siehe zum Beispiel Malcolm Peltu, The Role of Communication Media, in: Harry Otway/Malcolm Peltu (Hrsg.), Regulating Industrial Risks: Science, Hazards and Public Protection, London 1985, S. 128-148 (137 f.). Unter dem Gesichtspunkt eines zunehmenden Risikobewußtseins findet man ausgewählt: (1) immediacy and event-orientation; (2) drama and conflict; (3) negativity because bad news usually has drama and conflict; (4) human interest; (5) photographability; (6) simple story lines; (7) topicality

selbst kann nur als (wie immer geringe) Überraschung auftreten. Sie muß außerdem als Komponente von Kommunikation verstehbar sein. Das Prinzip der Selektion scheint es nun zu sein, daß diese Erfordernisse für Zwecke der Massenmedien *verstärkt* werden, also auch mehr auf leichte Verständlichkeit der Information für möglichst breite Empfängerkreise geachtet werden muß. Mit „Selektion" soll hier im übrigen nicht die Freiheit der Auswahl gemeint sein. Auch bezieht der Begriff sich auf das Funktionssystem der Massenmedien und nicht auf ihre einzelnen Organisationen (Redaktionen), deren Entscheidungsfreiheit bei der Auswahl von Nachrichten, die sie bringen, viel geringer ist, als Kritiker oft vermuten.

Wenn wir uns jetzt zunächst an Nachrichten (im Unterschied zu Berichten) halten, so findet man typisch folgende Selektoren[6]:

(1) Die Überraschung wird durch markante Diskontinuität verstärkt. Die Information muß *neu* sein. Sie muß mit bestehenden Erwartungen brechen oder einen offen gehaltenen Raum begrenzter Möglichkeiten (Beispiel Sportereignisse) determinieren. Wiederholungen von Meldungen sind unerwünscht.[7] Bei

---

(current news frame); (8) media cannibalism; (9) exclusivity; (10) status of the source of information; (11) local interest.

6 Ein neuerer Sprachgebrauch in der System- und der Evolutionstheorie spricht auch von „Attraktoren", um auf die Strukturbedingungen hinzuweisen, die bestimmte Operationen anziehen. Wir bleiben, um teleologische Mißverständnisse zu vermeiden, bei „Selektoren".

7 Wenn sie sich gleichwohl als zweckmäßig erweisen, werden sie entschuldigt. „Wie in einem Teil der gestrigen Ausgabe schon berichtet, ..." Oder sie werden als Verständnishilfen für Empfänger, die sich nicht auf dem Laufenden gehalten hatten, nebensatzartig eingeschmuggelt.

Neuheit denkt man zunächst an Einmalereignisse. Aber das Erkennen von Neuheiten erfordert vertraute Kontexte. Das können Typen sein (Erdbeben, Unfälle, Gipfeltreffen, Firmenzusammenbrüche) oder auch temporäre Geschichten, zum Beispiel Affairen oder Reformen, zu denen jeden Tag etwas Neues zu berichten ist, bis sie sich mit einer Entscheidung auflösen. Auch gibt es Serienproduktion von Neuheiten, etwa an der Börse oder beim Sport, bei denen jeden Tag etwas Neues anfällt. Überraschungen und Standardisierungen steigern sich aneinander, um Informationswerte zu erzeugen, die anderenfalls nicht oder nicht in verbreitungsfähiger Form vorkommen würden.

(2) Bevorzugt werden *Konflikte*. Konflikte haben als Themen den Vorteil, auf eine selbsterzeugte Ungewißheit anzuspielen. Sie vertagen die erlösende Information über Gewinner und Verlierer mit dem Hinweis auf Zukunft. Das erzeugt Spannung und, auf der Verstehensseite der Kommunikation, guesswork.

(3) Ein besonders wirksamer Aufmerksamkeitsfänger sind *Quantitäten*. Quantitäten sind immer informativ, weil eine bestimmte Zahl keine andere ist als die genannte – weder eine größere noch eine kleinere. Und das gilt unabhängig davon, ob man den Sachkontext versteht (also weiß oder nicht weiß, was ein Bruttosozialprodukt oder ein Tabellenzweiter ist). Der Informationswert kann im Medium der Quantität gesteigert werden, wenn man Vergleichszahlen hinzufügt – seien es zeitliche (Inflationsrate des vorigen Jahres), seien es sachliche, zum Beispiel territoriale. Über Quantifikationen können also sub-

stanzlose Aha-Effekte und zugleich mehr Informationen für die erzeugt werden, die sich auskennen. Außerdem gilt zusätzlich das größere Informationsgewicht der großen Zahl, vor allem bei örtlich und zeitlich kompakten Ereignissen (viele Tote bei *einem* Unfall, Riesenverluste bei *einem* Betrug).

Quantitäten sind im übrigen nicht so unschuldig, wie es scheinen könnte. Auch bei ihnen kommt es nämlich, im Zeitlauf betrachtet, zu jenem oben (S. 45) behandelten Doppelreiheneffekt. Wenn etwas zunimmt, nimmt es zugleich ab. Was es vorher war, wird zugleich weniger, als es heute ist. Rückkehr zur alten Quantität, mit der man einst ganz zufrieden war, erscheint dann als Rückschritt. Eine sich auf Wachstum festlegende Gesellschaft bedroht sich ständig selbst mit ihrer eigenen Vergangenheit. Bei umgekehrt laufenden Reihen oder negativen Wertungen kann es natürlich auch umgekehrt kommen: sinkende Exportquoten, steigende Arbeitslosigkeit wären dafür Beispiele.

(4) Ferner gibt der *lokale Bezug* einer Information Gewicht, vermutlich weil man sich im eigenen Ort so gut informiert weiß, daß jede weitere Information geschätzt wird.[8] The Daily Progress findet vor allem in Charlottesville, Virginia, statt. Daß ein Hund einen Briefträger gebissen hat, kann nur im engsten Ortsbezug gemeldet werden. Im ferneren Umkreis muß schon ein ganzes Hunderudel den Briefträger zerfleischt haben, und auch das würde in Berlin

---

[8] Roland Robertson, Globalization: Social Theory and Global Culture, London 1992, S. 174, erwähnt die Schlagzeile einer schottischen Zeitung aus dem Jahre 1912: „Aberdeen Man Lost at Sea". Der Anlaß war der Untergang der Titanic.

nicht gemeldet werden, wenn es in Bombay passiert ist. Ferne muß also durch Gewicht der Information oder durch Seltsamkeit, durch Esoterik kompensiert werden, die zugleich die Information vermittelt, daß hier bei uns so etwas wohl kaum passieren würde.

(5) Auch *Normverstöße* verdienen besondere Beachtung. Das gilt für Rechtsverstöße, vor allem aber für Moralverstöße, aber neuerdings auch für Verstöße gegen „political correctness".[9] In der Darstellung durch die Medien nehmen Normverstöße häufig den Charakter von *Skandalen* an. Das verstärkt die Resonanz, belebt die Szene und schließt die bei Normverstößen mögliche Äußerung von Verständnis und Entschuldigung aus. Im Falle von Skandalen kann es ein weiterer Skandal werden, wie man sich zum Skandal äußert.

Die Massenmedien können durch solche Meldun-

---

9 Ein besonders dramatischer Fall ist die öffentliche Diskussion der Begründung des Strafurteils gegen den NPD-Vorsitzenden Deckert Anfang August 1994. Den Mannheimer Richtern war der eklatante Fehler unterlaufen, „Charakterstärke" bei einer strafbaren Handlung als strafmildernd anzusehen – ein Argument, das ihnen bei Wiederholungstätern in Verkehrsdelikten, Diebstählen etc. wohl kaum in den Sinn gekommen wäre. Die Verbreitung der Kenntnis dieses Falles durch die Massenmedien hat, weil ein politisches Tabu berührt war, selbst die Bundesjustizministerin und den Bundeskanzler zu Äußerungen ihres Abscheus bewogen, die hart an der Grenze liegen, die durch Verfassungsgesichtspunkte wie Rechtsstaat, Gewaltenteilung, Unabhängigkeit der Justiz gezogen sind. Bemerkenswert ist auch, daß die Massenmedien eine *so schnelle* Reaktion in den Massenmedien erzwingen, daß gar nicht abgewartet werden kann, ob die Justiz sich selbst korrigiert. Das Aufschaukeln eines solchen Bagatellfalles durch die Massenmedien kann bis vor die Frage führen, welchen Belastungen der Rechtsstaat in Deutschland gewachsen sein würde.

gen von Normverstößen und Skandalen mehr als auf andere Weise ein Gefühl der gemeinsamen Betroffenheit und Entrüstung erzeugen. Am Normtext selbst könnte man dies nicht ablesen, der Verstoß erzeugt erst eigentlich die Norm, die vorher in der Masse der geltenden Normen eben nur „gilt". Vorauszusetzen ist natürlich, daß niemand den Gesamtumfang dieser Art von Devianz kennt und auch niemand weiß, wie andere in entsprechenden Fällen sich selbst verhalten würden. Wenn aber Verstöße (und: entsprechend ausgewählte Verstöße) als Einzelfälle berichtet werden, stärkt das auf der einen Seite die Entrüstung und so auf indirekte Weise die Norm selbst, und auf der anderen Seite auch das, was man „pluralistic ignorance" genannt hat, nämlich die Unkenntnis der Normalität von Devianz.[10] Und dies geschieht nicht in den riskanten Formen der Predigt oder der Indoktrinationsversuche, die heute eher Tendenzen zur Gegensozialisation auslösen würden, sondern in der harmlosen Form der bloßen Berichterstattung, die jedem die Möglichkeit freistellt, zu dem Schluß zu kommen: so nicht!

Hierfür ein aktuelles Beispiel: Es ist aus vielen kriminalsoziologischen Untersuchungen bekannt, daß Delinquenz bis hin zu erheblicher Kriminalität im Jugendalter nicht die Ausnahme, sondern die Regel

---

10 Vgl. dazu Heinrich Popitz, Über die Präventivwirkung des Nichtwissens: Dunkelziffer, Norm und Strafe, Tübingen 1968. Bezieht man die Fallberichterstattung der Massenmedien ein, dann legt das den Schluß, nahe, daß gerade die Skandalisierung von Einzelfällen dazu führt, daß die Verbreitung solchen Verhaltens unterschätzt und die Aufmerksamkeit eher auf die Norm selbst gelenkt wird.

ist.[11] Dieser Ausgangspunkt hat zu Forderungen nach Entkriminalisierung und Pädagogisierung des präventiven Verhaltens geführt. Da aber diese Massierung von Delinquenz beim Älterwerden der Jugendlichen sich ohnehin nicht fortsetzt, ist es schwierig, die Effektivität präventiver Maßnahmen jeder Art zu beurteilen, und die Meinungen darüber bleiben gespalten. Dies an sich vorhandene Wissen bleibt jedoch, um das Beispiel weiter einzuschränken, im Kontext der spektakulären, gegen Asylanten und andere Ausländer gerichteten Kriminalität so gut wie unbeachtet. Man kann angesichts eines solchen „Themenwechsels" der Jugendkriminalität und dessen politischer Bedeutung nicht auf Normalitätsprofile zurückgreifen. Das Problem beherrscht die Berichterstattung, ohne mit den normalen Gewalt-Sexualitäts- und Eigentumsdelikten verrechnet zu werden. Und entsprechend wird ein politischer Handlungsdruck erzeugt, der es nicht mehr erlaubt, die Berichte ins Normale zurückzubetten.

Neben den Meldungen über Normverstöße gibt es auch eine Präferenz für Außergewöhnliches (vom Typ: Alligator im Baggersee), das sich auf normal erwartete Zustände bezieht und eher schon dem Sektor Unterhaltung zugerechnet werden kann. Der Effekt von ständig wiederholten Informationen über Normverstöße könnte in der Überschätzung der moralischen Korruptheit der Gesellschaft liegen, besonders wenn bevorzugt über das Verhalten der „ton-

---

11 Vgl. etwa Günther Kaiser, Jugendrecht und Jugendkriminalität: Jugendkriminologische Untersuchungen über die Beziehungen zwischen Gesellschaft, Jugendrecht und Jugendkriminalität, Weinheim 1973, S. 43.

angebenden" Prominenz berichtet wird. Bei sonstigen Abnormalitäten wird man einen solchen Effekt kaum annehmen können. (Niemand wird im eigenen Schwimmbad nachschauen, ob eventuell auch da sich ein Alligator aufhält.) Das bestätigt aber nur, daß Normen empfindlicher sind gegen Abweichungen als Fakten, bei denen man das Erwarten über die Unterscheidung wahrscheinlich/unwahrscheinlich reguliert.

(6) Normverstöße werden vor allem dann zur Berichterstattung ausgewählt, wenn ihnen moralische Bewertungen beigemischt werden können; wenn sie also einen Anlaß zur Achtung oder Mißachtung von Personen bieten können. Insofern haben die Massenmedien eine wichtige Funktion in der Erhaltung und Reproduktion von Moral. Dies darf allerdings nicht so verstanden werden, als ob sie in der Lage wären, ethische Grundsätze zu fixieren oder auch nur den Moralpegel der Gesellschaft in Richtung auf gutes Handeln anzuheben. Dazu ist in der modernen Gesellschaft keine Instanz imstande – weder der Papst noch ein Konzil, weder der Bundestag noch der Spiegel. Man kann nur an den ertappten Missetätern vorführen, daß solche Kriterien benötigt werden. Reproduziert wird nur der Code der Moral, also der *Unterschied* von gutem und schlechtem bzw. bösem Handeln. Für die Festlegung von Kriterien ist letztlich das Rechtssystem zuständig. Die Massenmedien leisten nur eine laufende Selbstirritation der Gesellschaft, eine Reproduktion moralischer Sensibilität auf individueller wie auf kommunikativer Ebene. Das führt jedoch zu einer Art „disembedding" der Moral, zu einem moralisierenden Reden, das durch

keine kontrollierbaren Verpflichtungen gedeckt ist.[12] Die Vorstellung von Moral und ihre laufende Renovierung geschieht an Hand von hinreichend spektakulären Fällen – im Vorführen von Schurken, von Opfern und von Helden, die Unverlangbares geleistet haben. Der Empfänger wird sich selbst typisch keiner dieser Gruppen zurechnen. Er bleibt – Beobachter.

(7) Um Normverstöße kenntlich zu machen, aber auch um dem Leser/Zuschauer eine eigene Meinungsbildung zu erleichtern, bevorzugen die Medien eine Zurechnung auf Handeln, also auf Handelnde. Komplexe Hintergründe, die den Handelnden motiviert, wenn nicht genötigt haben könnten, das zu tun, was er getan hat, können nicht voll ausgeleuchtet werden. Wenn sie thematisiert werden, dann um Verdienste oder Verschulden zu verschieben. Wenn man hört, daß ein führender Politiker eine Entscheidung getroffen hat, weiß man deshalb noch lange nicht, wer die Entscheidung getroffen hat – Lady Thatcher vielleicht ausgenommen.

Gegen einen, gerade in der empirischen Soziologie weit verbreiteten Irrtum muß betont werden, daß weder Handlungen noch Handelnde als empi-

---

12 Richard Münch, Moralische Achtung als Medium der Kommunikation, in: ders., Dynamik der Kommunikationsgesellschaft, Frankfurt 1995, S. 214 ff., schließt daraus, daß die Moral als symbolisch generalisiertes Medium der modernen Gesellschaft inflationären und deflationären Trends ausgesetzt ist. Vermutlich trifft beides zugleich (und nicht nur im Wechsel) zu: Man redet viel von Moral und neuerdings sogar von Ethik, traut sich aber nicht, sich auf sie zu verlassen, und hält sich mit dem „Ausgeben" moralischer Symbole im Alltag zurück.

rische Fakten gegeben sind.[13] Man kann ja die Grenzen (und damit die Einheit) einer Handlung oder eines Handelnden weder sehen noch hören. In jedem Falle geht es um institutionell und kulturell gedeckte Konstrukte.[14] In lockerer Anlehnung an Max Weber könnte man auch sagen, daß Handlungen erst durch typisierendes Verstehen konstituiert werden. Das macht zugleich die Funktion der Massenmedien in ihrem Beitrag zur kulturellen Institutionalisierung des Handelns verständlich: Es kommt zu einem Hin- und Hercopieren der Handlungsmuster zwischen den Medien und dem, was in der Alltagserfahrung sich als Wirklichkeit präsentiert, und damit zu einem Abschleifen und Wiederaufbauen von ungewöhnlichem Handeln.

Im gleichen Zuge wird das Interesse an *Personen* reproduziert, und dies in Formen, die nicht darauf angewiesen sind, daß man zu den biochemischen, neurophysiologischen oder psychischen Abläufen der betreffenden Individuen Zugang hätte.[15] Gerade

---

13 Damit ist allerdings das hartnäckige Festhalten an diesem Irrtum, die eigentümliche Resistenz der soziologischen Handlungstheorie gegen Kritik noch nicht erklärt. Es scheint sich um eine vorgeschobene Verteidigungslinie des Subjekts zu handeln, an der es seinen Namen noch nicht nennen, seinen Begriff noch nicht vorstellen muß.
14 Siehe dazu John W. Meyer/John Boli/George M. Thomas, Ontology and Rationalization in the Western Cultural Account, in: George M. Thomas et al., Institutional Structure: Constituting State, Society, and the Individual, Newbury Park Cal. 1987, S. 12-37.
15 Dies entspricht im übrigen einer alten Wort- und Begriffsgeschichte von persona/Person. Siehe dazu auch Niklas Luhmann, Die Form „Person", in: ders., Soziologische Aufklärung Bd. 6, Opladen 1995, S. 142-154.

in Zeiten, die ihre Zukunft als abhängig von Handlungen und Entscheidungen erlebt, nimmt die Orientierung an Personen offenbar zu. Personen dienen der Gesellschaft als greifbare Symbole für eine unbekannte Zukunft. Sie sind einerseits bekannt oder könnten es sein, über das Fernsehen auch mit ihren Gesichtern, Körpern und Bewegungsgewohnheiten, und andererseits weiß man, daß man trotzdem nicht weiß, wie sie handeln werden. Gerade darauf beruht ja die Hoffnung, ihr Handeln eventuell beeinflußen zu können. Wenn dann noch, vor allem im Bereich der Politik, hinzukommt, daß man den Selbstdarstellungen und den Absichtsbekundungen der Personen nicht traut, bleibt immer noch ihre Funktion, das Unbekanntsein der Zukunft ins Blickfeld zu rücken; und dies in einer Erfahrungswelt, die im großen und ganzen so ist und so bleibt, wie sie ist.

Mit Bezugnahme auf Handlungen und Personen schafft sich das System der Massenmedien wichtige Ambiguitäten, und dies in engem Anschluß an die Alltagskommunikation. Vieldeutigkeiten finden sich zwar in jeder Kommunikation; aber das schließt es nicht aus, zu untersuchen, wie und wo sie lokalisiert werden, um besonderen Funktionen zu genügen.[16] Die Thematisierung von Handlungen und Personen

---

16 Hierzu findet man Fallstudien in der neueren Organisationsforschung seit James G. March/Johan P. Olsen, Ambiguity and Choice in Organizations, Bergen 1976. Vgl. auch Martha S. Feldman, Order Without Design: Information Processing and Policy Making, Stanford Cal. 1989. Vorher hatte man Ambiguität vor allem als Lösung von Stress oder von Rollenkonflikten behandelt.

übernimmt die spezielle Funktion, Systemgrenzen und damit Unterschiede des Operationsmodus verschiedener Systeme zu verschleiern. Die Begriffe Handlung und Person können weder auf soziale noch auf bewußtseinsmäßige, weder auf biochemische noch auf neurophysiologische Prozesse eingeschränkt werden. Sie setzen vielmehr voraus, daß dies alles einen Beitrag zur Handlung und zum Personsein leistet, ohne daß über diese Begriffe ermittelt werden könnte, wie dies Zusammenwirken zustandekommt. Offenbar dient diese Unschärfe der Schnelligkeit der Kommunikation. Aber sie steuert damit zugleich auch, was als weitere Kommunikation angeschlossen werden kann – und was nicht.

(8) Das Erfordernis der *Aktualität* führt zur Konzentration der Meldungen auf Einzelfälle – Vorfälle, Unfälle, Störfälle, Einfälle. Gemeldet werden Ereignisse, die bereits passiert sind, wenn sie bekannt gemacht werden. Das Erfordernis der *Rekursivität* führt dazu, daß in späteren Meldungen auf die Ereignisse Bezug genommen wird – sei es, daß ihnen eine typische Bedeutung beigelegt wird; sei es, daß sie in einen narrativen Kontext eingewoben werden, der weitererzählt werden kann. Zuweilen geben gemeldete Vorfälle einen Anlaß, ähnliche Ereignisse zu melden und dann über „Serien" von Ereignissen zu berichten. Kepplinger und Hartung nennen solche Ereignisse „Schlüsselereignisse".[17] Es liegt auf der

---

[17] Siehe Hans Mathias Kepplinger/Uwe Hartung, Störfall-Fieber: Wie ein Unfall zum Schlüsselereignis einer Unfallserie wird, Freiburg 1995; Hans Mathias Kepplinger/Johanna Habermeier, The Impact of Key Events on the Presentation of Reality, European Journal of Communication (im Druck).

Hand, daß Ereignisse nur unter besonderen Bedingungen dazu disponieren, Rekursionen zu suchen und Serien zu konstruieren. Zu einer solchen Aufwertung können Zusatzmeldungen beitragen, bezogen auf die Größe des Schadens, die gerade noch vermiedene Katastrophe, das Betroffensein Unbeteiligter (möglicherweise also von jedermann) und der Verdacht auf Verschleierung durch die Verantwortlichen. Auch werden diese Bedingungen nicht konstant sein, sondern mit vermutetem Interesse der Öffentlichkeit variieren. Wie immer, die Medien geben dem, was sie melden, und dem, wie sie es melden, eine besondere Färbung und entscheiden so darüber, was als nur situativ bedeutsam, vergessen werden und was in Erinnerung bleiben muß. Zum Vollzug der Rekursionen werden Schemata benutzt oder auch neu erzeugt, deren Wirksamkeit in den Medien nicht, oder kaum, darauf angewiesen ist, daß sie durch die konkreten Umstände der Einzelfälle bestätigt werden.

(9) Als Sonderfall muß schließlich erwähnt werden, daß auch die *Äußerung von Meinungen* als Nachricht verbreitet werden kann.[18] Ein erheblicher Teil des Materials für Presse, Hörfunk und Fernsehen kommt dadurch zustande, daß die Medien sich in sich selbst spiegeln und das wiederum als Ereignis behandeln.

---

18 Auch dies ist schon seit langem mit Mißtrauen beobachtet worden. Bei Ben Jonson, The Staples of Newes, 1625/1631, Act I, Scene V, Zeile 51-54 (a.a.O. S. 295) liest man:
„See divers men opinions! Unto some,
The very printing of them, makes them *Newes*;
That ha' not the heart to beleeve any thing,
But what they see in print."

Teils werden Leute nach ihren Meinungen gefragt, teils drängen sie sich auf. Immer aber handelt es sich um Ereignisse, die gar nicht stattfinden würden, wenn es die Massenmedien nicht gäbe. Die Welt wird gleichsam zusätzlich mit Geräusch gefüllt, mit Initiativen, Kommentaren, Kritik. Vor den Entscheidungen wird die Prominenz gefragt, was sie fordert oder erwartet; nach den Entscheidungen, wie sie dazu steht. Damit kann das, was ohnehin passiert, akzentuiert werden. Aber auch Kommentare können wiederum Anlaß zu Kritik und Kritik kann Anlaß zu Kommentaren werden. Auf diese Weise können die Massenmedien ihre eigene Sensibilität steigern und sich Veränderungen in der von ihnen selbst produzierten öffentlichen Meinung anpassen. Ein gutes Beispiel dafür ist der Auffassungswandel in den USA über den Sinn des Vietnam-Kriegs, der noch heute (vielleicht weil es ein Auffassungs*wandel* war) bei allen militärischen Aktionen der USA erinnert wird.

Entsprechend müssen hier auch die Selektionskriterien verdoppelt werden. Die Sache selbst muß interessant genug sein. Und die Meinungsäußerung muß aus einer Quelle stammen, die qua Stellung oder qua Person über bemerkenswerte Reputation verfügt. Auch Leserbriefe werden zum Abdruck vorseligiert – zum Teil mit Blick auf Namen und Status des Absenders oder seiner Organisation, aber auch so, daß die Selektion nicht zu deutlich wird, sondern die Sparte Leserbriefe als Ausdruck von Meinungen aus dem Volk gelten kann. So dient diese Art Meinungsnachrichten einer Doppelfunktion: Sie unterstreicht einerseits das, was Gegenstand der

Meinung ist. Es bleibt dank der Meinung als Thema auf dem Agendum. Und es stärkt die Reputation der Quelle durch wiederholte Inanspruchnahme ihrer Meinungen. Realereignisse und Meinungsereignisse werden auf diese Weise ständig durchmischt und bilden für das Publikum dann eine zähflüssige Menge, in der man noch Themen, aber nicht mehr die Herkunft der Informationen unterscheiden kann.[19]

(10) All diese Selektoren werden verstärkt und durch weitere ergänzt dadurch, daß es Organisationen sind, die mit der Selektion befaßt sind und dafür eigene Routinen entwickeln.[20] Die Arbeit besteht in einem Einpassen von Informationen, die im System der Massenmedien schon weitgehend vorseligiert sind, in Rubriken und Schablonen. Für die Letztauswahl spielen dann Zeit und verfügbarer Raum (freie Sendeminuten, freie Spalten) eine ausschlaggebende Rolle. Die dafür geltenden Kriterien sind unter dem Gesichtspunkt wiederholter Anwendbarkeit gespeichert, also selbst weder neu noch besonders aufregend und weder moralisch artikuliert

---

19 Es ist eine Sonderfrage, ob auch die Medien selbst sich qua Organisation oder qua Journalistenethos auf eine solche Vermischung einlassen, oder ob wenigstens hier auf eine strenge Trennung von Nachricht und Kommentar Wert gelegt wird, wie es vor allem in der angelsächsischen Presse üblich ist.

20 Siehe hierzu Manfred Rühl, Die Zeitungsredaktion als organisiertes soziales System, Bielefeld 1969, und ders., Journalismus und Gesellschaft: Bestandsaufnahme und Theorieentwurf, Mainz 1980. Im Anschluß an Rühl gibt es inzwischen eine Reihe von empirischen Untersuchungen, die seine These der Routineauswahl von Berichtenswertem bestätigen. Für einen Überblick siehe Marcinkowski a.a.O. (1993), 98 ff. Vor allem überrascht dabei, wie sehr das Sensationelle als Produkt von Routinen zustandekommt.

noch konflikthaltig. All diese Gesichtspunkte verschwinden auf der Ebene organisatorischer Programmierung, weil sie die Arbeit zu sehr belasten würden. Die Organisationsprogramme selbst sind geradezu das Gegenteil von dem, was sie als „Nachrichtenwert" empfehlen. Die Organisation erfüllt ihre gesellschaftliche Funktion gerade dadurch, daß sie anders arbeitet.

Nimmt man die Selektoren als Formen, die auch eine andere Seite mitführen und in Erinnerung halten, dann zeigen sich bemerkenswerte Brüche. Diskontinuitäten sagen nichts über die Zukunft; Handlungen, Entscheidungen, Personen, lokale Interessen schließen nicht aus, daß Störungen von außen kommen. Quantitäten besagen so gut wie nichts über Entwicklungschancen – so gern die Politik als Geldgeber sich der gegenteiligen Illusion hingibt. Nachrichten erzeugen und reproduzieren Zukunftsunsicherheiten – gegen alles Kontinuieren der aus der täglichen Wahrnehmung bekannten Welt.

Dieses sich selbst verstärkende Netz von Selektoren ist vor allem mit der Produktion der Tagesnachrichten beschäftigt. Von Nachrichten sollte man die nicht von Tagesereignissen abhängigen Berichte unterscheiden. Sie informieren über die Kontexte etwaiger Neuigkeiten. Ihr Neuigkeitswert liegt nicht in der für alle gleichmäßig fliessenden Zeit, sondern ergibt sich aus dem vermuteten Wissensstand des Publikums oder angesprochener Teile des Publikums – Berichte über die Eigenart bestimmter Krankheiten, über ferne Länder, über Entwicklungen in der Wissenschaft, über ökologische oder klimatische Verhältnisse etc. Auch hierbei geht es um Informationen mit Wahrheitsanspruch, um als zutreffend dargestellte Tatsachen. Riesige Mengen von

„Sachbüchern" erfüllen vor allem diesen Zweck, die temporäre, vergängliche Natur der Nachrichten zu ergänzen. Es geht nicht, auf den Unterschied werden wir zurückkommen, um Unterhaltung.

Seit gut zehn Jahren kann man eine Verflüssigung der Differenz von Nachrichten und Berichten beobachten. Sie besteht darin, daß publizierte Nachrichten elektronisch gespeichert und für erneuten Abruf verfügbar gehalten werden. Das geschieht inzwischen in riesigem Umfange, so daß bei Bedarf ehemalige Nachrichten in Berichte transformiert werden können. Das System produziert dann erneut Informationen aus Informationen, indem es Berichtskontexte erzeugt, in denen längst abgelegte, vergessene Neuigkeiten wieder Informationswert gewinnen. Als Soziologe möchte man wissen, wozu diese Zweitauswertung benutzt und aus welchen Anlässen sie in Gang gesetzt wird. Es liegt auf der Hand, hier in erster Linie an Diskreditierungsabsichten zu denken – an die Destruktion von Personen durch Wiederbekanntmachen ihrer Geschichte; aber zum Beispiel auch an Vorführung der Trägheit politischer Apparate, die auf längst Bekanntes nie reagiert hatten. Sollte sich diese Vermutung bestätigen, böte sie einen Anlaß, nach Motiven für die Reaktualisierung von Wahrheiten zu fragen – von Wahrheiten, die infolge ihres Altseins kaum noch geprüft werden können.

Obwohl Wahrheit oder doch Wahrheitsvermutung für Nachrichten und Berichte unerläßlich sind, folgen die Massenmedien nicht dem Code wahr/unwahr, sondern selbst in ihrem kognitiven Programmbereich dem Code Information/Nichtinformation. Das erkennt man daran, daß Unwahrheit nicht als Reflexionswert benutzt wird. Für Nachrichten und Berichte ist es nicht (oder allenfalls im Zuge von nicht mitgemeldeten Recherchen) wichtig, daß die Unwahrheit ausgeschlossen werden kann. Anders als in der Wissenschaft wird die Information nicht derart durchreflektiert, daß auf wahre Weise festgestellt werden muß, daß Unwahrheit ausgeschlossen werden kann, bevor Wahrheit behauptet wird. Das Problem der Meldungen liegt nicht hier, sondern in ihrer Selektion, und das hat weittragende Folgen für das, was man als Klimatisierung der Medienkommunikation bezeichnen könnte.

Auch wenn man verschiedene Selektoren im Nachrichten- und Berichtswesen unterscheidet, läuft man Gefahr, ein immer noch viel zu einfaches Bild der Realitätskonstruktion durch Massenmedien zu erzeugen. Gewiß liegt das Problem in der Auswahl, aber die Auswahl selbst ist ein komplexes Geschehen – und zwar gleichgültig, welchen Kriterien sie folgt. Jede Auswahl dekontextiert und kondensiert bestimmte Identitäten, die von sich her gar nichts „Identisches" (= Substantielles) an sich haben, sondern nur im Referierzusammenhang einer wiederholten Bezugnahme, einer rekursiven Verwendung, *und nur dafür* identifiziert werden müssen. In anderen Worten: Identität wird nur dann verliehen, wenn man auf etwas zurückkommen will. Dies aber bedeutet zugleich: Konfirmierung und Generalisierung. Das Identifizierte wird in ein Schema überführt oder mit einem bekannten Schema assoziiert. Es wird bezeichnet und dadurch bestätigt, und dies so, daß es auch für andere Rückgriffe in anderen Situationen denselben Sinn behalten kann. Aller Selektion, und das gilt für die alltägliche Kommunikation ebenso wie für die herausgehobene der Massenmedien, liegt also *ein Zusammenhang von Kondensierung, Konfirmierung, Generalisierung und*

Schematisierung zugrunde, der sich in der Außenwelt, über die kommuniziert wird, so nicht findet. Das steckt hinter der These, daß erst die Kommunikation (oder eben: das System der Massenmedien) den Sachverhalten Bedeutung verleiht. Sinnkondensate, Themen, Objekte entstehen, um es mit einem anderen Begriff zu formulieren, als „Eigenwerte" des Systems massenmedialer Kommunikation.[21] Sie werden im rekursiven Zusammenhang der Systemoperationen erzeugt und sind nicht darauf angewiesen, daß die Umwelt sie bestätigt.

Mit eben dieser Eigenart der Identitätsgewinnung bildet sich eine *Form*, deren Innenseite durch Wiederverwendbarkeit ausgezeichnet ist und deren Außenseite aus dem Blick gerät. Aber die Selektion erzeugt immer auch jene andere Seite der dargestellten Produkte, nämlich die Nichtselektion oder den „unmarked space" der Welt im übrigen. Die Markierung hebt das hervor, was aus irgendwelchen Gründen problematisch und deshalb von Interesse ist. Aber sie macht damit zugleich deutlich, daß es auch noch anderes gibt. Das Verstehen der Kommunikation erfordert, hier wie auch sonst, die Unterscheidung von Information und Mitteilung. Daß die Information wahr ist (beweisbar ist, nicht widerlegt werden kann usw.), ist deshalb durchaus kompatibel mit der Beobachtung der Mitteilung als kontingent, als auch unterlaßbar, als Produkt einer Entscheidung, als motivbedingt.

Mit den auf diese Weise ständig erneuerten Identitäten wird das soziale *Gedächtnis* gefüllt. Gedächtnis ist

---

21 Siehe Heinz von Foerster, Objects: Tokens for (Eigen-)Behaviors, in ders., Observing Systems, Seaside Cal. 1981, S. 274-285; dt. Übers. in: ders., Wissen und Gewissen: Versuch einer Brücke, Frankfurt 1993, S. 103-115.

dabei nicht zu verstehen als Speicher für vergangene Zustände oder Ereignisse. Damit können die Medien und auch andere kognitive Systeme sich nicht belasten. Vielmehr geht es um ein laufendes Diskriminieren zwischen Vergessen und Erinnern. Frei werdende kommunikative Kapazitäten werden durch Wiederbenutzung benötigter Sinneinheiten ständig neu imprägniert.[22] Gedächtnis konstruiert Wiederholungen, also Redundanz, mit fortgesetzter Offenheit für Aktuelles, mit ständig erneuerter Irritabilität. Dies ist, wie man neurophysiologischen Untersuchungen des Gehirns entnehmen kann, mit operativer Geschlossenheit des Systems voll kompatibel, ja durch sie bedingt. Denn solche Selbstprüfungen auf Wiedererkennbarkeit hin könnten gar nicht stattfinden, wenn die Umwelt selbst ungefiltert im System tätig würde. Das Gedächtnis kompensiert, ja überkompensiert den fehlenden operativen Umweltkontakt durch Eigenleistungen des Systems und ermöglicht zugleich eine vorübergehende Einstellung auf vorübergehende Lagen. Durch Markierung des Geläufigen wird das im Sprung von Operation zu Operation an sich zu erwartende (und nahezu vollständig funktionierende) Vergessen verhindert und das aus Anlässen aktivierte Re-imprägnieren zugleich an Lernvorgänge gebunden.

---

22 So für das neuronale und psychische Gedächtnis mit Rückgriff auf makromolekulare Einheiten des Berechnens von Konsistenz Heinz Förster, Das Gedächtnis: Eine quantenphysikalische Untersuchung, Wien 1948. Siehe auch ders., Quantum Mechanical Theory of Memory, in ders. (Hrsg.), Cybernetics: Circular Causal, and Feedback Mechanisms in Biological and Social Systems. Transactions of the Sixth Conference 1949, New York 1950, S. 112-134; ders., Was ist Gedächtnis, daß es Rückschau *und* Vorschau ermöglicht, in ders., Wissen und Gewissen: Versuch einer Brücke, Frankfurt 1993, S. 299-336.

Was erinnert wird, braucht nicht mit einem Zeitindex „vergangen" versehen werden, und wir werden noch sehen, wie wichtig dies für Werbung durch Wiederholung ist. Es kann auch als „neu" erfahren werden, sofern es nur für die laufenden Konsistenzprüfungen der Kommunikation (wie auch des neuronalen und des psychischen Gedächtnisses) herangezogen wird. Denn ohne Gedächtnis könnte ja nichts als „neu" (= abweichend) erscheinen und ohne Abweichungserfahrungen kein Gedächtnis sich bilden.

In dem Maße, wie die unwahrscheinliche Information ausgezeichnet und für Meldung ausgewählt wird, drängt sich auch die Frage nach den Gründen der Selektion auf. Die auf Informationsselektion spezialisierte Codierung und Programmierung des Systems läßt wie von selbst einen Motivverdacht entstehen. Seit der Einführung des Buchdrucks ist dieses Problem aktuell. Weder die Welt selbst noch die Weisheit der Weisen, weder die Natur der Zeichen noch die Mühe des Schreibens erklärt das Auftreten der Zeichen. Die frühe Neuzeit hat angesichts dieses Kontingentwerden aller Sachbezüge mit zwei verschiedenen Antworten experimentiert. Die eine lautet, bezogen auf das Verstehen, daß nur das Neue, Überraschende, Artifizielle genossen werden kann, da alles andere ohnehin so ist, wie es ist. Das ist die Antwort der Kunsttheorie.[23] Die andere bezieht sich auf die Mitteilungsseite der Kommunikation und erwartet hier ein Interesse. Das ist die Antwort der Politik-

---

23 Für den Beginn in der italienischen Kunstdiskussion des 16. Jahrhunderts (im 17. Jahrhundert ist es dann schon ein Gemeinplatz, daß nur das Neue gefällt) siehe Baxter Hathaway, Marvels and Commonplaces: Renaissance Literary Criticism, New York 1968, S. 158 ff.

theorie (Politik hier im damaligen Sinne verstanden als öffentliches Verhalten schlechthin). Sie führt zur Unterscheidung von Zweck und Motiv, von manifesten und latenten Gründen für Kommunikation. Baltasar Gracián führt beide Antworten in einer allgemeinen Theorie gesellschaftlicher Kommunikation zusammen. Kommunikation ist die Erzeugung schönen Scheins, mit dem das Individuum sich vor anderen und damit letztlich auch vor sich selbst verbirgt.[24]

Man findet diese beiden, einander wechselseitig entlastenden Antworten noch heute, jedenfalls im System der Massenmedien. Einerseits ist die Unwahrscheinlichkeit Institution geworden. Sie wird erwartet. Sie gilt als Anlaß für Aufmerksamkeit. Andererseits kommt es zu Hintergrundsvermutungen, zu Politikvermutungen im weitesten Sinne. Die Massenmedien „manipulieren" die öffentliche Meinung. Sie verfolgen ein nichtmitkommuniziertes Interesse. Sie produzieren „bias". Es mag sein, daß alles zutrifft, was sie schreiben oder senden, aber das beantwortet nicht die Frage: wozu? Es mag ihnen um geschäftlichen Erfolg gehen, oder um die Förderung ideologischer Optionen, um Stützung von politischen Tendenzen, um eine Erhaltung des gesellschaftlichen status quo (und gerade dies durch drogenartige Ablenkung auf immer neue Neuigkeiten) oder nur um ihren eigenen geschäftlichen Erfolg. Die Massenmedien scheinen ihre eigene Glaubwürdigkeit zugleich zu pflegen

---

[24] Daß dies einer alten Klostertradition entspricht, die auf Steigerung der Innigkeit religiöser Erfahrung durch Vermeidung von Kommunikation reflektierte, liegt auf der Hand. Zur gleichen Zeit, also im 17. Jahrhundert, setzen die Jansenisten Intransparenz der Motive anderer gleich mit Intransparenz der eigenen Motive für das Individuum selbst.

und zu untergraben. Sie „dekonstruieren" sich selber, da sie mit ihren eigenen Operationen den ständigen Widerspruch ihrer konstativen und ihrer performativen Textkomponenten reproduzieren.

Dies alles gilt auch fürs Fernsehen. Immerhin hat das Fernsehen bei der Sendung von Nachrichten eine eigentümliche Beschränkung hinzunehmen, die sich als Glaubwürdigkeitsbonus auswirkt: Es ist beim Filmen des Geschehens an die *Realzeit* des Geschehensablaufs gebunden. Es kann das, was geschieht (zum Beispiel ein Fußballspiel, einen Wirbelsturm, eine Demonstration) weder vor dem Geschehen noch nach dem Geschehen photographieren, sondern nur gleichzeitig. Auch hier gibt es zahlreiche Möglichkeiten des gestaltenden Eingriffs – Aufnahme mit mehreren Kameras und Montage, Wahl der Perspektive und der Bildausschnitte und natürlich: Auswahl der für Sendung ausgewählten Geschehnisse und Auswahl der Sendezeit. Mit der Digitalisierung dürften die Manipulationsmöglichkeiten zunehmen. Dennoch bleibt es bei einer eigentümlichen Evidenz, die auf die realzeitliche Gleichzeitigkeit des Filmens (nicht natürlich: des Sendens und des Empfangens) zurückzuführen ist und sich darin von der schriftlichen Fixierung von Texten unterscheidet. Für die Manipulation des gesamten basalen Materials hat das Fernsehen buchstäblich „keine Zeit".

In beiden Fällen, bei sprachlicher und bei bildlicher Realitätserzeugung, wird die Realität letztlich durch Widerstand der Operationen gegen die Operationen desselben Systems getestet – und nicht durch eine Repräsentation der Welt, wie sie ist. Während aber die Sprache mehr und mehr darauf verzichten muß, Realität zu garantieren, weil allem, was gesagt wird, auch widersprochen werden kann, verlagert sich die Reproduktion von Realität auf die beweglichen, optisch/akustisch synchronisierten Bilder.[25] Hier muß man zwar das replay durchschauen und den Zeitpunkt der Sendung nicht mit dem Zeitpunkt der Realereignisse verwechseln; aber Tempo und optisch/akustische Harmonie des Bildverlaufs entziehen sich dem punktuell zugreifenden Widerspruch und erwecken den Eindruck einer bereits getesteten Ordnung. Es gibt jedenfalls nicht im gleichen Sinne wie beim Widerspruch des Wortes gegen das Wort einen Widerspruch des Bildes gegen das Bild.

Es ist wichtig, die wie immer beschränkten Möglichkeiten der Manipulation und des teils überzogenen, teils nicht durchdringenden Manipulationsverdacht als eine system*interne* Problematik zu begreifen und nicht als einen Effekt, den die Massenmedien in der Umwelt ihres Systems erzeugen. Sofern Leser oder Zuschauer beteiligt sind, erfolgt das Verstehen (nach unseren Theorievorgaben) *im System*, weil es nur im System Anlaß sein kann für weitere Kommunikation. Daß die Auswirkungen auf die Umwelt vielfältig und unberechenbar sind, versteht sich von selbst. Die wichtigere Frage ist, wie im System der Massenmedien selbst auf die ständig reproduzierte Aporie des hilflos-zweifelnden Informiertseins reagiert wird.

Im Manipulationsverdacht finden die Codewerte Information und Nichtinformation zur Einheit zurück. Ihre Trennung wird aufgehoben – aber in einer Weise, die

---

25 Vgl. hierzu Wlad Godzich, Vom Paradox der Sprache zur Dissonanz des Bildes, in: Hans Ulrich Gumbrecht/K. Ludwig Pfeiffer (Hrsg.), Paradoxien, Dissonanzen, Zusammenbrüche: Situationen offener Epistemologie, Frankfurt 1991, S. 747-758.

nicht, oder allenfalls als Neuigkeit usw., zur Information werden kann. Im feedback der Einheit des codierten Systems ins System erreicht das System bestenfalls einzelne Operationen, aber nicht sich selbst. Das System hat mit Manipulationsverdacht zu leben, weil es auf diese Weise die eigene Paradoxie, die Einheit der Differenz von Information und Nichtinformation, entfaltet und ins System zurückgibt. Kein autopoietisches System kann sich selbst aufheben. Und auch darin bestätigt sich, daß wir es mit einem Problem des Systemcodes zu tun haben. Auf Unwahrheitsverdacht könnte das System mit seinen alltäglichen Operationsweisen reagieren, auf Manipulationsverdacht nicht.

Kapitel 6
Ricúpero

Wenn die Realität in so hohem und erfolgreichem Maße selektiv konstruiert wird, muß man mit gelegentlichen Zusammenbrüchen rechnen. Der stets mitlaufende Manipulationsverdacht bleibt unbestimmt, solange nicht handfeste Beweise vorliegen – und das heißt immer: durch die Medien selbst geliefert werden. Eine gute Gelegenheit zum Studium eines solchen Zusammenbruchs bot kürzlich ein ungeplant gesendetes Interview des brasilianischen Finanzministers Rubens Ricúpero am 2. September 1994.

Für den 3. Oktober des Jahres standen Wahlen bevor. Am 1. Juli hatte die brasilianische Regierung eine neue „harte" Währung eingeführt und drastische Maßnahmen zur Reduzierung der Inflation ergriffen. Dabei war immer bestritten worden, daß dies etwas mit der Wahl zu tun habe und die Chancen des von der Geschäftswelt bevorzugten Kandidaten Fernando Henrique Cardoso (PSDB = Partito Social Democrático Brasileiro[1]) begünstigen solle. Zwar war die Unsicherheit weit verbreitet,

---

[1] Die Bezeichnung könnte dem Irrtum Vorschub leisten, als ob es sich um eine politische Partei handelt, die unabhängig vom Ausgang der Wahlen eine eigene organisatorische Identität besitzt. Das ist jedoch in Brasilien (mit Ausnahme der Arbeiterpartei) nicht der Fall.

ob der Plano Real auch nach den Wahlen durchgehalten werden könne; aber die Regierung hatte sich auf eine rein wirtschaftspolitische Begründung festgelegt.

Das Gegenteil kam in einem Gespräch des Finanzministers mit einem Journalisten des Rete Globo (seinem Vetter) an den Tag. Ohne daß die Beteiligten es wußten, war das Gespräch von Parabolantennen (vielleicht sollte man sagen: Diabolantennen) aufgefangen und gesendet worden, bis ein entsetzter Zuschauer das Gespräch durch Telephonanruf unterbrach.[2] Der Minister ließ in der Unterhaltung unzweideutig erkennen, daß die öffentliche Darstellung den wirklichen Absichten nicht entsprach. Auch die Verschleierungstaktik des Ministers trat offen zu Tage.[3] Im ersten Schock sah man den Skandal als eine Katastrophe für die Kandidatur Cardosos. Alle beschönigenden Erklärungen (es sei nur ironisch gemeint gewesen usw.) halfen nicht. Der Minister sah sich zum Rücktritt gezwungen. Die Aktienkurse der Börse São Paulo fielen um 10,49% Man rechnete den Skandal auf die Person zu und ließ sie fallen. Cardoso kommentierte, dies sei nicht sein Problem, sondern ein Problem des Ministers. Das Rete Globo, dem das Versehen passiert war, bemühte sich um Schadensbegrenzung. Der Eklat war tagelang *das* Thema.

Aber nicht für die Bevölkerung. Wenige Tage danach stellte eine Gallup-Umfrage fest, daß die Wählerschaft

---

[2] Berichte in allen brasilianischen Zeitungen vom 3. September 1994.

[3] Im Gespräch sagte er zum Beispiel: „A única forma que eu posso provar o meu distanciamento do PSDB é criticar o PSDB." Zitiert nach dem Abdruck in der Zeitschrift Veja vom 7. September 1994, S. 32. Die Zeitschrift sprach vom „striptease de Ricúpero" und kommentierte: „Ele desnudou seu cérebro".

nicht reagierte. Cardozo behielt seinen weiten Vorsprung vor seinem Hauptopponenten Lula (PT).[4] Die gesamte Affäre spielte sich also auf der Ebene der öffentliche Meinung und, wenn man die Börse hinzunimmt, auf der Ebene der Beobachtung zweiter Ordnung ab. Sie bestand in einer Reaktion der öffentlichen Meinung auf sich selber.[5] Am 3. Oktober 1994 wurde Cardoso im ersten Wahlgang mit absoluter Mehrheit zum Präsidenten Brasiliens gewählt.

Aber wie wirkt sich der ohnehin bestehende Manipulationsverdacht und das allgemeine Mißtrauen gegen die Ehrlichkeit der Politiker aus? Die Diskrepanz zwischen öffentlichen Bekundungen und wirklichen Absichten, die nur im Privaten geäußert werden, wird ja allgemein unterstellt. Gegen alle rationalistischen Annahmen über den wahrheitsklärenden Effekt der Öffentlichkeit zeigt dieser Fall, daß die Wahrheit nicht in der öffentlichen, sondern in der privaten Kommunikation vermutet wird.[6]

---

4 Cardoso 41,6% (vorher 42,8%); Lula 20,3% (vorher 21%). Nur die Unentschiedenen nahmen zu von 11% auf 12,9%.
5 Daß man daraus keine Schlüsse auf andere Länder mit längeren Demokratieerfahrungen und einer weniger entfremdeten Unterschicht ziehen kann, soll aber doch angemerkt werden.
6 So kommentiert auch die Zeitschrift Veja a.a.O. S. 33: „Óbvio que todo mundo diz uma cosa em público e outras no âmbito privado, as pessoas de confiança. O chato, para o ministro, é que todo mundo sabe, por experiências próprias, que as conversas particulares são muito mais sinceras do che as declarações públicas."

Kapitel 7
Werbung

Nach der Wahrheit die Werbung. Im gesamten Bereich der Massenmedien gehört Werbung zu den rätselhaftesten Phänomenen. Wie können gut situierte Mitglieder der Gesellschaft so dumm sein, viel Geld für Werbung auszugeben, um sich ihren Glauben an die Dummheit anderer zu bestätigen? Es fällt schwer, hier nicht das Lob der Torheit zu singen, aber offenbar funktioniert es, und sei es in der Form der Selbstorganisation von Torheit.

Alles was man immer schon vermutet hatte: Hier wird es plötzlich Wahrheit. Die Werbung sucht zu manipulieren, sie arbeitet unaufrichtig und setzt voraus, daß das vorausgesetzt wird. Sie nimmt gleichsam die Todsünde der Massenmedien auf sich – so als ob dadurch alle anderen Sendungen gerettet werden könnten. Vielleicht ist dies der Grund dafür, daß Werbung mit offenen Karten spielt. Hier lösen sich die soeben diskutierten Probleme des Motivverdachts mit einem Schlage. Die Werbung deklariert ihre Motive. Sie raffiniert und verdeckt sehr häufig ihre Mittel. Es geht heute nicht mehr nur darum, daß die angebotenen Objekte zutreffend und mit informativen Details beschrieben werden, so daß man weiß, daß es sie gibt und zu welchem Preis sie zu haben sind. Man wirbt mit psychologisch komplexer eingreifenden Mitteln, die die zur Kritik neigende kognitive Sphäre umgehen. Bewußte Aufmerksamkeit wird nur extrem kurzfristig in Anspruch genommen, so daß keine Zeit bleibt für kritische Würdigung oder überlegte Entscheidung. Was an Zeit fehlt, wird durch Drastik ausgeglichen. Außerdem wechseln die Werbespots ihre Themen und Darstellungen vom Moment zu Moment ohne geringste Rücksicht auf „Intertextualität".[1] Es gilt das Gesetz der Unterbrechung mit der Hoffnung, eben damit die sofortige Erinnerung an das soeben Gesehene zu aktivieren. Man imprägniert das Gedächtnis, das etwas erinnert, aber noch lieber vergißt, ständig neu; und die Neuheit der Information ist hier eher ein Alibi für die Absicht, daran zu erinnern, daß es etwas zu kaufen gibt und daß dabei bestimmte Namen oder optische Signets besondere Beachtung verdienen. Aber das ändert nichts daran, daß über das Ziel der Werbung, über das Mitteilungsmotiv nicht getäuscht wird.

Eher darf man das Umgekehrte vermuten: Gerade weil der Werber sein Interesse an Werbung offenlegt, kann er um so ungenierter mit dem Gedächtnis und den Motiven des Umworbenen umgehen. Der bewußten Täuschung sind rechtliche Grenzen gezogen, aber das gilt nicht für die eher übliche Beihilfe zur Selbsttäuschung des Adressaten. Mehr und mehr Werbung beruht heute darauf, daß die Motive des Umworbenen unkenntlich gemacht werden. Er wird dann erkennen, daß es sich um Werbung handelt, aber nicht: wie er beeinflußt wird. Ihm wird Entscheidungsfreiheit sugge-

---

[1] Das ist im übrigen eines der Momente, in denen Werbung sich von Kunst unterscheidet – bei allen Anleihen im Design.

riert, und das schließt ein, daß er von sich aus will, was er eigentlich gar nicht wollte.

Vor allem die in der heutigen Werbung bildlich ebenso wie textlich dominierende Tendenz zur schönen Form dient dieser Funktion des Unkenntlichmachens der Motive des Umworbenen. Gute Form vernichtet Information. Sie erscheint als durch sich selbst determiniert, als nicht weiter klärungsbedürftig, als unmittelbar einleuchtend. Sie bietet also keinen Anlaß zu weiterer Kommunikation, auf die die weitere Kommunikation dann wieder mit Ja oder mit Nein reagieren könnte.

Eine weitere, verbreitete Technik der „Opakisierung"[2] liegt in paradoxem Sprachgebrauch. Zum Beispiel wird nahegelegt, man könne durch Geldausgeben „sparen"; oder Artikel werden als „exklusiv" bezeichnet in einer Werbung, die offensichtlich für jedermann bestimmt ist. „Rustikal" wird für die Einrichtung von Stadtwohnungen empfohlen.[3] Gerade weil man weiß, daß es um Werbung geht, fühlt man sich durch „exklusiv" nicht ausgeschlossen, sondern eingeschlossen; durch „rustikal" nicht abgeschreckt, sondern angezogen. Die Werbetech-

---

[2] Dieser Begriff in anderem Zusammenhang (aber ebenfalls auf Paradoxie zielend) bei Dietrich Schwanitz, Laurence Sternes *Tristram Shandy* und der Wettlauf zwischen Achilles und der Schildkröte, in: Paul Geyer/Roland Hagenbüchle (Hrsg.), Das Paradox: Eine Herausforderung des abendländischen Denkens, Tübingen 1992, S. 409-430; ders., Kommunikation und Bewußtsein: Zur systemtheoretischen Rekonstruktion einer literarischen Bestätigung der Systemtheorie, in: Henk de Berg/Matthias Prangel (Hrsg.), Kommunikation und Differenz: Systemtheoretische Ansätze in der Literatur- und Kunstwissenschaft, Opladen 1993, S. 101-113.

[3] Anzumerken ist noch, daß die Paradoxie sich ihrerseits tarnt, indem sie sich des Lateinischen bedient, wohl wissend, daß Lateinkenntnisse nicht mehr vorausgesetzt werden können.

nik läuft also auf Vereinnahmung des Gegenmotivs hinaus.

Oder auf Vorenthaltung des Objekts, für das gezahlt werden soll. In Bildarrangements wird nicht selten das, wofür geworben wird, in den Hintergrund gerückt, so daß man das Bild erst gleichsam in sich drehen muß, um herauszubekommen, um was es geht. Ähnliches gilt für zeitliche Sequenzen, bei denen das, wofür geworben wird, erst am Ende herauskommt. Dubo, Dubon, Dubonnet ist ein dafür bekanntgewordenes Beispiel. Offenbar mutet diese Vertauschung Vordergrund/Hintergrund, Anfang/Ende dem zunächst Uninteressierten eine Anstrengung zu, die das Erinnern fördert und, wenn sie Erfolg hat, als Interesse fixiert wird.

Solche Techniken der Paradoxierung der Motivlage lassen jede Freiheit (oder so meint man jedenfalls), das Paradox durch Entscheidung für oder gegen die Transaktion aufzulösen. Aber schon damit sind Erfolgserwartungen verbunden. Denn zunächst kommt es ja darauf an, in ein bereits interessenfixiertes Terrain einzubrechen und eine spezifische Ungewißheit zu erzeugen: Schon daß man überhaupt die Frage stellt, ob oder ob nicht (eine neue Küche angeschafft werden sollte), ist ein Erfolg der Werbung; denn wahrscheinlicher ist ja zunächst, daß der Geist sich nicht mit seiner Küche, sondern mit etwas anderem beschäftigt.

Selbstverständlich gilt dies nur für kenntlich gemachte Werbung und nicht für Werbung, die gar nicht als solche wahrgenommen wird. In diesem Falle spielt die Werbung mit der Unterscheidung bewußt/unbewußt. Die Paradoxie besteht dann darin, daß bewußte Entscheidungen unbewußt getroffen werden – aber wieder im Modus der freien Wahl und nicht unter Zwang oder

Drohung oder Vorspiegelung falscher Tatsachen. Im übrigen ist auch getarnte Werbung in vielen Fällen so standardisiert, daß sie inzwischen als Werbung erkannt wird. Daß „Sponsoring" (man beachte schon das eigens dafür geprägte Wort!) nicht der Wohltätigkeit dient, sondern der Werbung, dürfte inzwischen bekannt sein.[4]

Zu den wichtigsten latenten (aber als solche dann strategisch genutzten) Funktionen der Werbung gehört es, Leute ohne Geschmack mit Geschmack zu versorgen. Nachdem es sich als unmöglich erwiesen hat, Bildung in Geld umzusetzen, hat die umgekehrte Möglichkeit, Geld als Bildung erscheinen zu lassen, immerhin gewisse Chancen – und in erheblichem Umfang natürlich: auf Kredit. Diese Funktion bezieht sich auf die symbolische Qualität von Objekten, die in ihrem Preis auch, aber nicht hinreichend ausgedrückt ist.[5] Mit ihrer Hilfe kann man sich sowohl optisch als auch verbal in Bereichen, in denen man über keine eigenen Kriterien verfügt, mit Selektionssicherheit versorgen lassen – und braucht nicht einmal zu kaufen, denn die Werbung bedient umsonst. Diese Geschmack substituierende Funktion ist um so wichtiger, als der alte, im 18. Jahrhundert noch vorausgesetzte Zusammenhang von Schichtung und Geschmack heute aufgelöst ist und bei raschem Aufstieg und unregulierter Heiratspraxis gerade in den Oberschichten ein Nachrüstungsbedarf besteht.

---

[4] Siehe den Bericht in der Frankfurter Allgemeinen Zeitung vom 16. Januar 1993, S. 11 unter dem Titel: „Gemischte Bilanz für die Sportwerbung im Olympiajahr: Deutlich höhere Erinnerung an die Förderer, aber auch Kritik am Sportsponsoring. Eine Erhebung".

[5] Hierzu unvermeidlich: Pierre Bourdieu, La distinction: Critique sociale de jugement de goût, Paris 1975.

Geschmack dient dann seinerseits der Strukturierung des Begehrens. Der Konsument reagiert, ob er kauft oder nicht, gleichsinnig mit anderen, ohne daß dazu eine direkte Imitation anderer erforderlich wäre. Auch das hängt damit zusammen, daß es keine überzeugende Oberschicht mehr gibt, an der man ablesen könnte, was „geht" und was „nicht geht". Eher ist es umgekehrt: daß die Oberschicht sich selbst in dem, was sie begehrt und für vorzeigenswürdig hält, nach dem Geschmacksdiktat der Werbung richtet; nicht zuletzt auch deshalb, weil der Markt gar nichts anderes anbietet, sondern allenfalls nach Preisen differenziert.

Im Zusammenhang damit könnte es lohnen, dem Zusammenhang von Werbung und Mode nachzugehen. Hier kann sich Werbung als Text und vor allem in Bildern weitgehend auf Information zurückziehen. Für einen hinreichend großen Kreis wirkt Mode selbstmotivierend. Mit der Mode zu gehen, und zwar möglichst früh, gilt fast wie ein Zwang. (Das wurde schon bei der Einführung des Begriffs im 17. Jahrhundert bemerkt.) Daraus folgt ein Interesse an Information binnen kurzer Zeit. Obwohl Mode, was zum Beispiel Farbskalen betrifft, mehrere Jahre im voraus geplant werden muß, erscheint sie erst am Objekt, und dann hat man nur wenig Zeit, um sich zu informieren. Hier kann deshalb die Werbung Motive voraussetzen und sie in der Form von Informationen nur noch anstoßen. Der Trend geht deutlich in Richtung von Massenproduktion und Massenmoden. Gute Einfälle von Kleinstanbietern werden schon auf den Modemessen von Großanbietern wegkopiert und erscheinen dann massiv in deren Werbung, so daß wenig Raum mehr bleibt, Einzigartigkeit des Designs (vor allem in der Kleidung) mit Mode zu kombinieren. Werbung ist dann auch ein Faktor in der Erzeugung des Umschlagstempos. Selbst planungs- und produktionstechnisch komplexe Prozesse werden dadurch betroffen – so wenn Autos plötzlich rundlich und nicht kantig, schlank und nicht imposant sein müssen.

Daß Werbung (und erst recht: Mode) sich auf der Ebene des Gebrauchs von Zeichen abspielt, braucht nicht noch einmal gesagt zu werden.[6] Auch hier geht es mithin um eine Realitätskonstruktion, die ihre eigene, für sie primäre Realität fortsetzt und dabei erhebliche Schwankungen des Marktes überdauern, ja von ihnen profitieren kann. Bezeichnend ist, daß es um diese Differenz von Werbung und Markterfolg geht, vielleicht auch um die Möglichkeit, etwas nach erfahrungsbewährten Regeln der Werbung tun zu können, ohne zu wissen, ob es sich lohnen wird. Jedenfalls geht es nicht um subjektiv zurechenbare Differenzen wie Aufrichtigkeit/Unaufrichtigkeit oder Wahrhaftigkeit/Unwahrhaftigkeit, sondern in jedem Fall nur um schönen Schein. Die Leitidee dieser Form der Massenkommunikation kann man in das 17. Jahrhundert zurückdatieren – in die Zeit der höfischen Kultur also, in der diese erste, operative Realität der Selbstdarstellung noch der Interaktion vorbehalten war. Seitdem ist das Bündnis von schönem Schein und kurzer Dauer Thema der europäischen Diskussion. Die Werbung verlangt stets Neues, und darauf beruht auch die Macht der Mode. Sogar Lächerlichkeit kann durch Mode zeitweilig außer Kraft gesetzt werden.[7]

---

[6] Vgl. nur Roland Barthes, Système de la mode, Paris 1967.
[7] „Si la mode, si la faveur, si l'éclat d'une grande action mettent un homme en spectacle, le ridicule s'évanouit", liest man bei G. Sénac de Meilhan, Considération sur l'esprit et les moeurs, London 1787, S. 321.

Das wohl wichtigste Schema der Werbung liegt aber im Verhältnis von Oberfläche und Tiefe. Wie einst die Divinationstechniken der Weisheit benutzt sie die Lineaturen der Oberfläche, um Tiefe erraten zu lassen. Sie gleicht insofern auch der Kunst des Ornaments.[8] Aber Tiefe, das ist jetzt nicht das Schicksal, sondern die Unverbindlichkeit der Werbung. Die Werbung kann nicht bestimmen, was ihre Adressaten denken, fühlen, begehren. Sie mag ihre Erfolgsaussichten kalkulieren und sich dafür bezahlen lassen. Insofern kalkuliert sie wirtschaftlich. Im System der Massenmedien folgt sie anderen Gesetzen. Sie okkupiert die Oberfläche ihres designs und verweist von da aus auf eine Tiefe, die für sie selbst unzugänglich bleibt.

Die bisherigen Ausführungen mögen den Eindruck einer statischen Bestandsaufnahme im Bereich Werbung erweckt haben. Das gilt es zu korrigieren. Allein schon im Bereich der Fernsehwerbung zeichnen sich in den vierzig Jahren ihrer Existenz erhebliche Umdispositionen ab.[9] Zunehmend wird die Realitätskonstruktion selbst zum Problem, zur Frage des „wie"? Mit der Entdeckung der Jugendszene als kaufkräftiger, bis in ein nicht mehr ganz junges Alter hineinreichender Adressatenkreis verbinden außerdem sich neue Formen der Integration von Marketing, Werbung und Mitwirkung der Adressaten. „Trendscouts" spähen aus, was gehen wird. Kultobjekte, die es Jugendlichen ermöglichen, sich gemeinsam als distinkt zu formieren, werden als Pro-

---

8 Hierzu ausführlicher Niklas Luhmann, Die Kunst der Gesellschaft, Frankfurt 1995 (im Druck).
9 Vgl. Robert Goldman/Stephen Papson, Advertising in the Age of Hypersignification, Theory, Culture and Society 11/2 (1994), S. 23-53.

duktarten kreiert, mit design und Namen versehen und zugleich in Werbung und Produktion angeboten. (Es geht also nicht mehr in erster Linie darum, Fabrikate der Massenproduktion in möglichst großen Mengen zu verkaufen). Die Kultobjekte selbst erzeugen die für Identifikation notwendige Differenz. Daher wird die gegen den „Kapitalismus" aufgeführte, ideologisch-politische Differenz entbehrlich. Die Bedenken gegen Mitwirkung an Werbung = Mitwirkung am Kapitalismus entfallen. Die Adressaten der Werbung erlauben ein Zusammenwirken. Die Kultobjekte müssen, für kurze Zeit und deshalb desto wirksamer, inszeniert werden. Man bezeichnet sich selbst als „Szene", als „Technoszene" usw. mit einer offenen Seite für das, was nachher kommen wird.

Und auch die wirtschaftlichen Motive, mit denen Ausgaben für Werbung rationalisiert werden, scheinen sich zu ändern. Die Ausgaben für Werbung steigen – gemessen zum Beispiel in Relation zu dem, was für Konsum ausgegeben wird.[19] Allein für Automobilwerbung werden in Deutschland jetzt jährlich 2 Milliarden DM ausgegeben, mehr als 500 DM für ein verkauftes Fahrzeug.[11] Von Aufwand/Ertrag-Kalkulation kann keine Rede sein. Eher scheint es um den Zwang zu gehen, sichtbar zu bleiben (ähnlich wie in der wirtschaftlichen Kalkulation das Halten oder Vergrößern eines Marktanteils wichtiger geworden ist als der Profit). Das heißt aber zugleich, daß für die Formen, mit denen geworben wird, mehr Gestaltungsfreiheit konzediert wird, sofern

---

10 Vgl. Richard Münch, Dynamik der Kommunikationsgesellschaft, Frankfurt 1995, S. 94 f. mit Nachweisen.
11 Quelle: Frankfurter Allgemeine Magazin vom 01. September 1995, S. 28.

sie nur geeignet sind, Aufmerksamkeit zu mobilisieren, sofern sie nur als Kommunikation funktionieren. Gerade im Verhältnis von Wirtschaft und Werbung findet man demnach gute Argumente für eine zunehmende Differenzierung der Systeme mit Abnahme struktureller Kopplungen.

Der Erfolg der Werbung liegt nicht nur im Ökonomischen, nicht nur im Verkaufserfolg. Das System der Massenmedien hat auch hier eine *eigene Funktion*, und sie dürfte in der *Stabilisierung eines Verhältnisses von Redundanz und Varietät in der Alltagskultur liegen*. Redundanz wird dadurch erzeugt, daß sich etwas verkaufen läßt – that it sells well, Varietät dadurch, daß man die eigenen Produkte am Markt muß unterscheiden können. Unter Bedingungen industrieller Produktion ist es ja eher ein Akt der Verzweiflung als der Vernunft, dasselbe nochmals zu kaufen. Man braucht deshalb zusätzliche Unterstützung der Motive, und am besten geschieht dies durch Erzeugung der Illusion, Dasselbe sei gar nicht dasselbe, sondern etwas Neues. Entsprechend liegt ein Hauptproblem der Werbung darin, laufend Neues vorstellen und zugleich Markentreue, also Varietät und Redundanz erzeugen zu müssen. Ein BMW bleibt ein BMW, aber er wird von Modell zu Modell immer besser, und sogar die Beseitigung des Objekts, das sogenannte „recycling", kann verbessert werden. Um dies beobachten zu können, ist ein Mindestmaß an Information unerläßlich. So entsteht eine Kombination von hoher Standardisierung mit gleichfalls hoher Oberflächendifferenzierung – eine Art beste der möglichen Welten mit so viel Ordnung wie nötig und soviel Freiheit wie möglich. Die Werbung macht diese Ordnung bekannt und setzt sie durch. Man kann in typischen amerikanischen Restaurants zwischen Salat dressings (French or Italian) wählen, aber nicht Olivenöl und Zitronensaft verlangen und selbst über eine angemessene Mischung entscheiden. Und offenbar wählen nur wenige den Ausweg, unter diesen Bedingungen auf Salate ganz zu verzichten.

Kapitel 8
Unterhaltung

Indem wir uns jetzt der „Unterhaltung" durch Massenmedien nähern, betreten wir erneut einen ganz andersartigen Programmbereich. Auch hier interessieren uns nur die theoretisch präparierten Fragen. Wir fragen nicht nach dem Wesen oder der Unterhaltsamkeit der Unterhaltung, nicht nach ihrer Qualität und auch nicht nach Unterschieden im Anspruchsniveau oder nach den Eigenarten derer, die einer Unterhaltung bedürfen oder sich einfach gern unterhalten lassen und etwas vermissen würden, wenn dies entfiele. Sicherlich ist Unterhaltung auch eine Komponente der modernen Freizeitkultur, die mit der Funktion betraut ist, überflüssige Zeit zu vernichten. Im Kontext einer Theorie der Massenmedien bleiben wir aber bei Problemen der Realitätskonstruktion und bei der Frage, wie in diesem Falle die Codierung Information/Nichtinformation sich auswirkt.

Am besten hilft es uns, wenn wir uns am allgemeinen Modell des Spiels orientieren. Das erklärt uns zugleich, weshalb Sportsendungen, insbesondere bei gefilmter Wiedergabe, eher zur Unterhaltung zählen als zu den Nachrichten.[1] Auch ein Spiel ist eine Art von Realitäts-

---

1 Etwas anderes gilt natürlich für die trockene Auflistung von

verdoppelung, bei der die als Spiel begriffene Realität aus der normalen Realität ausgegliedert wird, ohne diese negieren zu müssen. Es wird eine bestimmten Bedingungen gehorchende zweite Realität geschaffen, von der aus gesehen die übliche Weise der Lebensführung dann als die reale Realität erscheint. Für die Konstitution eines Spiels ist eine von vornherein absehbare zeitliche Begrenzung erforderlich. Spiele sind Episoden. Es geht also nicht um Übergänge in eine andere Lebensführung. Man ist nur zeitweise damit beschäftigt, ohne andere Chancen aufzugeben oder andere Belastungen damit abwerfen zu können. Aber das heißt nicht, daß die reale Realität nur vor und nach dem Spiel existiert. Vielmehr existiert alles, was existiert, gleichzeitig. Das Spiel enthält in jeder seiner Operationen immer auch Verweisungen auf die gleichzeitig existierende reale Realität. Es markiert sich selbst in jedem Zuge als Spiel; und es kann in jedem Moment zusammenbrechen, wenn es plötzlich ernst wird. Die Katze springt auf das Schachbrett.[2] Das Kontinuieren des Spiels erfordert eine ständige Überwachung der Grenzen.

Das wird in den Sozialspielen, an denen mehrere Partner beteiligt sind, durch eine Orientierung an den Spielregeln geschehen, die man im Sinn hat, wenn man eigenes und fremdes Verhalten (innerhalb des Spiels) als zugehörig identifiziert. Sowohl regelgemäßes als auch regelwidriges Verhalten gehört zum Spiel; aber regelwidriges Verhalten nur, solange es durch Hinweis kor-

---

Gewinnern und Verlierern mit den entsprechenden Punktwerten.
2 Gemeint ist natürlich die eigens dafür dressierte Kopulier-Katze bei Jean Paul, Die unsichtbare Loge, Werke (Hrsg. Norbert Müller) Bd. 1, München 1960, S. 7-469 (28 ff.).

rigiert werden kann. Unterhaltung ist jedoch ein Spiel anderer Art.[3] Es setzt kein komplementäres Partnerverhalten und keine vorab vereinbarten Regeln voraus. Statt dessen wird der Realitätsausschnitt, in dem die zweite Welt konstituiert wird, optisch oder akustisch markiert: als Buch, als Bildschirm, als auffallende Sequenz eigens präparierter Geräusche, die in diesem Zustand dann als „Töne" wahrgenommen werden.[4] Dieser äußere Rahmen setzt dann eine Welt frei, in der eine eigene fiktionale Realität gilt. Eine Welt! – und nicht nur, wie bei Sozialspielen, eine sozial abgestimmte Verhaltenssequenz.

Dieser Unterschied zu den Sozialspielen bringt uns zum System der Massenmedien zurück. Ebenso wie beim Spiel kann die Unterhaltung voraussetzen, daß der Zuschauer, anders als im eigenen Leben, Anfang und Ende beobachten kann, weil er schon vorher und noch nachher erlebt. Also gliedert er, gleichsam automatisch, die Zeit der Unterhaltung aus der ihn selbst angehenden Zeit aus. Aber die Unterhaltung selbst ist keineswegs irreal (im Sinne von: nicht vorhanden). Sie setzt durchaus selbsterzeugte Realobjekte, sozusagen doppel-

---

[3] Man könnte einwenden, daß der Spielbegriff hier nur noch metaphorisch verwendet wird, so wie man zum Beispiel von Sprachspielen spricht. Nun gut, aber Metaphorik ist sehr oft ein Zwischenschritt zur Entwicklung einer allgemeinen Theorie. Man könnte also ebensogut sagen: Es gibt eine allgemeine Theorie des Spiels, für die Sozialspiele nur einen Sonderfall darstellen.

[4] Den ambivalenten Status dieser Markierung (sie gehört zum Spiel und sie gehört nicht zum Spiel, sie kann nicht gespielt werden) diskutiert Jacques Derrida, La vérité en peinture, Paris 1978, S. 44 ff. an Hand von Kants Kritik der Urteilskraft und des dort nicht gelösten Problems der parerga, der Rahmen, der Ornamente.

seitige Objekte voraus, die den Übergang von der realen Realität zur fiktionalen Realität, das Kreuzen der Grenze ermöglichen.[5] Das sind Texte oder Filme. Auf der „Innenseite" dieser Objekte findet sich dann, in der realen Realität unsichtbar, die Welt der Imagination. Diese Welt der Imagination benötigt, weil sie kein Sozialverhalten der Beobachter koordinieren muß, keine Spielregeln. Statt dessen benötigt sie *Information*. Und genau das erlaubt es den Massenmedien, auf Grund ihres Codes Information/Nichtinformation einen Programmbereich Unterhaltung aufzubauen.

Außerdem darf in der Unterhaltung, gerade wenn die Geschichte als fiktiv erzählt wird, nicht schlechthin alles fiktiv sein. Der Leser/Zuschauer muß in die Lage versetzt werden, sehr schnell ein zur Erzählung passendes, auf sie zugeschnittenes Gedächtnis zu bilden; und das kann er nur, wenn ihm in den Bildern oder Texten genügend ihm bekannte Details mitgeliefert werden. Darauf hatte schon Diderot wiederholt hingewiesen.[6] Vom Leser/Zuschauer wird mithin geschultes (und doch nicht: bewußt gehandhabtes) Unterscheidungsvermögen verlangt.

---

5 Über die Schwierigkeiten der Evolution dieser (zunächst ganz unplausiblen) Unterscheidung im Zusammenhang mit der Entstehung des modernen Journalismus und des modernen Romans unterrichtet Lennard J. Davis, Factual Fictions: The Origins of the English Novel, New York 1983. Zur gleichen Zeit entsteht im übrigen die moderne Statistik, die ebenfalls darauf beruht, daß man die reale Realität der Einzelfälle und die fiktionale Realität der statistischen Aggregate unterscheiden kann.

6 „Sachez que c'est à cette multitude de petites choses que tient l'illusion", heißt es zum Beispiel im Eloge de Richardson, zit. nach Diderot, Œuvres (éd. de la Pléiade), Paris 1951, S. 1089-1104 (1094).

Werden diese theoretischen Vorentscheidungen akzeptiert, dann konzentriert sich das Problem auf die Frage, wie mit Hilfe von Informationen (anstelle von vorgegebenen Regeln) eine Sonderrealität der Unterhaltung ausgegrenzt werden kann. Die Antwort auf diese Frage fällt komplizierter aus, als es zunächst den Anschein haben mag.

Informationen sind, wir bleiben dabei, Unterschiede, die einen Unterschied machen. Schon der Begriff setzt also eine Sequenz von mindestens zwei Ereignissen mit Markierungseffekt voraus. Dann kann aber auch der Unterschied, der als Information erzeugt ist, wiederum ein Unterschied sein, der einen Unterschied macht. Informationen sind in diesem Sinne stets rekursiv vernetzt. Sie ergeben sich auseinander, aber sie lassen sich auch in ihrer Sequentialität ordnen im Hinblick auf mehr oder weniger unwahrscheinliche Resultate. Das kann in der strengen Form eines Kalküls (oder einer „Rechnung") geschehen, aber auch in Prozessen, die von Schritt zu Schritt weitere, nicht programmierte Informationen einbeziehen – also erst am Resultat einer Informationsverarbeitung erkennen lassen, daß und welche weiteren Informationen erforderlich sind. In diesem Falle wird man den Eindruck haben (gleichviel, ob der Prozeß selbst sich so beschreibt oder nicht), daß nicht eine Rechnung vorliegt, sondern eine Abfolge von Handlungen oder Entscheidungen. Erst im narrativen Kontext wird denn auch deutlich, was eine Handlung ist, wie weit sie in ihre Vergangenheit und ihre Zukunft ausgreift und welche Merkmale des Handelnden zur Handlung gehören und welche nicht. Für jede Einschränkung der Bedeutung einer einzelnen Handlung ist der Bezug auf andere Handlungen unentbehrlich – im Alltagsleben ebenso wie in Erzählungen.

Diese Fassung des Informationsproblems setzt „Subjekte" voraus – als fiktionale Identitäten, die die Einheit der erzählten Geschichte erzeugen und zugleich einen Übersprung zur (ebenfalls konstruierten) personalen Identität des Zuschauers ermöglichen. Dieser kann die Charaktere der Erzählung mit sich selbst vergleichen.[7]

Das allein berechtigt aber noch nicht, eine solche Produktion von aus Informationen erzeugten Informationen (aus Unterscheidungen erzeugten Unterscheidungen) als Spiel oder als Unterhaltung anzusehen. Dies setzt als Weiteres voraus, daß die Sequenz der informationsverarbeitenden Operationen *ihre eigene Plausibilität selbst erzeugt*. Ähnlich wie bei Technologien kommt es zu einer Schließung des Prozesses gegenüber unkontrollierten Umwelteinflüssen. Was einen Unterschied gemacht hat, begründet dann hinreichend, welche weiteren Unterschiede möglich sind. Der Prozeß erzeugt und transportiert in diesem Sinne eine durch ihn selbst erzeugte und immer wieder erneuerte Unsicherheit, die auf weitere Information angewiesen ist. Er lebt von

---

[7] Die Erfindung dieser Form von „inferential entities" – sowohl des Romans als auch des realen eigenen Lebens – ist dem 18. Jahrhundert zu verdanken, und zwar einer eigentümlichen Doppelentwicklung sowohl in der Erkenntnistheorie von Locke über Berkeley zu Hume und Bentham als auch im Roman. Sie hat heute in der *Kunst*form des Romans ihr Ende erreicht und scheint nur noch als Form von *Unterhaltung* reproduziert zu werden. Zum 18. Jahrhundert und zu dadurch inspirierten, auf „narrativen" Biographien beruhenden, durch Literatur stimulierten Reformen des Gefängniswesens in England siehe John Bender, Imagining the Penitentiary: Fiction and the Architecture of Mind in Eighteenth-Century England, Chicago 1987.

selbstproduzierten Überraschungen, selbstaufgebauten Spannungen, und genau diese fiktionale Geschlossenheit ist diejenige Struktur, die es erlaubt, reale Realität und fiktionale Realität zu unterscheiden und die Grenze vom einen zum anderen Reich zu kreuzen.

Es ist heute selbstverständlich, daß ein Publikum diese Unterscheidung von realer und inszenierter Realität nachvollziehen kann und deshalb für die Darstellung Freiheiten, etwa rasende Automobile, konzediert, die es sich selbst niemals durchgehen lassen würde. Historisch gesehen ist ein solches Unterscheidenkönnen ein Ergebnis von Evolution, das man heute auf die Entstehung des Bühnentheaters in der zweiten Hälfte des 16. Jahrhunderts zurückführt.[8] Im Unterschied zur mittelalterlichen Aufführungspraxis geht es im Renaissancetheater nicht mehr um ein Sichtbarmachen der unsichtbaren Seiten der Welt, nicht um ein Wiederzusammenbringen, ein Symbolisieren des Sichtbaren und des Unsichtbaren, aber auch nicht um eine naheliegende Verwechselung

---

8 Vgl. aus vielen theatergeschichtlichen Abhandlungen insbesondere Jean-Christophe Agnew, Worlds Apart: The Market and the Theater in Anglo-American Thought, 1550-1750, Cambridge Engl. 1986. Die Zusammenhänge zwischen Marktentwicklung und Theaterentwicklung im England des 16. Jahrhunderts, die Agnew nachzuweisen sucht, könnten auch für Zusammenhänge zwischen Werbung und Unterhaltung im modernen System der Massenmedien aufschlußreich sein. Denn in beiden Fällen geht es um den Tatbestand der täuschenden, aber durchschauten Manipulation und der dahinterstehenden, sich selbst kontrollierenden Individualität, die über eigene Motive und Interessen verfügt und nicht einfach die Natur oder die Schöpfung durchlebt und durchleidet. Systemtheoretisch reformuliert beruht diese Parallele von Markt und Theater letztlich darauf, daß Ausdifferenzierung Individualität freisetzt und zur Selbstregulierung zwingt.

von Spiel und Realität (mit der Folge, daß das Publikum beruhigt und vom Eingreifen abgehalten werden muß), sondern um eine eigenständige Inszenierung, die als nur vorgetäuscht erlebt wird, und außerdem *in sich selbst* das Spiel von Täuschung und Durchschauen, von Unkenntnis und Kenntnis, von motivgesteuerter Präsentation und generalisiertem Motivverdacht nochmals wiederholt. Dem Einzelnen wird damit freigestellt, eigene Lebenssituationen entsprechend zu deuten. Vor allem aber wird das Schema, in allen sozialen Beziehungen mit dem Unterschied von Anschein und Wirklichkeit zu rechnen, zum festen Bestand einer Kultur, die dann ohne weitere Umstände davon ausgehen und darauf aufbauen kann, daß dies verstanden wird.

Im 17. Jahrhundert findet man noch Literatur, die dies für so bemerkenswert hält, daß sie eigens darauf hinweist, ja es geradezu als ein Produkt individuellen Lernens und kluger Lebenskunst anbietet.[9] Sehr rasch wird diese Lesart von Realität über den Buchdruck aber so verbreitet, daß die sich jetzt formenden Massenmedien damit rechnen können und eher das Problem haben, immer neues Interesse dafür zu mobilisieren. Dazu wird das bereits genannte Moment der Spannung, der Erzeugung und Auflösung einer selbstgeschaffenen Ungewißheit hilfreich gewesen sein.

Das Modell mit der größten Nachwirkung hat dafür der moderne Roman geliefert – selbst deutlich ein Erzeugnis der auf Publikumswirkung berechneten Massenmedien. An einer Schlüsselfigur wie Daniel Defoe kann man ablesen, daß der moderne Roman aus dem

---

9 Siehe für viele: Baltasar Gracián, Criticón (1651-1657), zit. nach der deutschen Übersetzung Hamburg 1957.

modernen Journalismus entsteht; und zwar auf Grund der Notwendigkeit, im Blick auf gedruckte Publikationen Tatsachen und Fiktionen zu unterscheiden. Die Druckpresse verändert die Art und Weise, in der die Welt einem Publikum glaubwürdig präsentiert werden kann, und zwar über die Behauptung von Tatsachen oder von tatsächlich aufgefundenen (aber als Fiktion erkennbaren) Schriftzeugnissen bis schließlich durch reine, unverschleierte fiktionale Erzählungen, die aber genug Wiedererkennbares enthalten, um als imaginierte Realität gelten zu können. Die Unterscheidung von (als Fakten prüfbaren) Nachrichten oder Berichten und hinreichend realitätsnahen fiktionalen Erzählungen kommt demnach überhaupt erst auf Grund der Technologie zustande, die es ermöglicht, Druckerzeugnisse herzustellen.[10]

Erst diese Unterscheidung ermöglicht es, die Realitätsdistanz und die größeren Freiheiten fiktionaler Literatur zu nutzen, um Geschichten zu erzählen, die, obwohl fiktiv, dem Leser doch Rückschlüsse auf die ihm bekannte Welt und auf sein eigenes Leben ermöglichen; aber Rückschlüsse, die ihm, eben weil es sich um fiktionales Geschehen handelt, freigestellt sind. Dabei stützt sich das Angebot auf eine allgemeine Struktur, die als Aufhebung einer selbsterzeugten Ungewißheit über den Ausgang der Geschichte jeder Art von Unterhaltung zugrundeliegt. Es kommt schon im Laufe des 18. Jahrhunderts zu einer Eliminierung der epischen Elemente, zu einer Beschleunigung des Ablaufs, der nur durch die im Roman selbst erzeugten Verwicklungen aufgehalten wird. Deshalb erfordert die Planung eines

---

10 Vgl. Lennard J. Davis a.a.O. (1983).

Romans eine Reflexion der Zeit in der Zeit. Die Perspektive ist zukunftsorientiert, daher spannend. Zugleich muß aber für eine ausreichende Vergangenheit gesorgt werden, die am Ende verständlich macht, daß und wie die Ungewißheit durch bereits eingeführte, aber in ihrer Funktion nicht durchschaute Informationen aufgelöst wird. Man muß auf etwas zurückkommen können, um den Kreis zu schließen. Bei aller Zukunftsorientierung: „der Knoten gehe bloß durch Vergangenheit, nicht durch Zukunft auf" (wie Jean Paul dem Romanschreiber vorschreibt[11]). Will die Erzählung Mindestanforderungen an die eigene Konsistenz genügen (und Märchen sind hier eine viel diskutierte Ausnahme), muß der Verlauf sich also auf den Anfang der Geschichte rückbeziehen können. Die Voraussetzungen für die Aufhebung der Spannung müssen jedenfalls vor dem Ende eingeführt sein, und nur der Leser oder Zuschauer wird im Ungewissen gelassen. Deshalb lohnt keine zweite Lektüre; oder sie lohnt sich nur, wenn der Leser sich nun auf die Bewunderung des artistischen Geschicks oder wenn der Filmseher sich auf die Darstellungsleistungen konzentrieren will. Man darf, wenn es spannend und unterhaltsam sein soll, nicht schon vorweg wissen, wie der Text zu lesen oder die Geschichte zu verstehen ist. Man will immer neu unterhalten werden. Aus demselben Grunde muß jede Unterhaltung ein Ende finden und selbst dafür sorgen. Die Einheit des Werks ist die Einheit der in es eingelassenen Differenz von Zukunft und Vergangenheit. Am Ende weiß

---

11 Siehe „Regeln und Winke für Romanschreiber", § 74 der Vorschule der Ästhetik, zit. nach Werke Bd. 5, München 1963, S. 262.

man: das war's also. Man geht mit dem Gefühl heraus, mehr oder weniger gut unterhalten worden zu sein.[12]

Durch die eigene Erzeugung und Auflösung von Ungewißheit individualisiert sich eine erzählte Geschichte. Dadurch gibt es trotz stereotyper Wiederholung der Machart immer neues Interesse. Der Leser oder Zuschauer muß nicht, wie Ludwig Tieck meint, aufgefordert werden, so rasch wie möglich zu vergessen, damit Neues geschrieben und verkauft werden kann[13]; sondern das ergibt sich von selbst daraus, daß jede Spannung individuell aufgebaut und aufgelöst wird.

Um Spannung erzeugen und erhalten zu können, muß man den Autor hinter dem Text zurücktreten lassen, denn er wäre im Text ja jemand, der das Ende schon kennt oder es so einrichten kann, wie es ihm selbst gerade paßt. Alle Spuren seiner Mitwirkung müssen gelöscht werden.[14] Der Mechanismus der Erzeugung des Textes darf im Text selbst nicht nochmals vorkommen, weil sonst Selbstreferenz und Fremdreferenz nicht deutlich unterschieden werden könnten.[15] Obwohl auch Un-

---

12 Dagegen stammt das Gefühl, mit Unterhaltung Zeit vergeudet zu haben, aus einer anderen Welt: der Welt der Seelenheilssorge und des Geschäftssinns der Puritaner. Siehe die materialreiche Abhandlung von Russell Fraser, The War Against Poetry, Princeton 1970, insb. S. 52 ff.
13 Siehe Ludwig Tieck, Peter Lebrecht: Eine Geschichte ohne Abenteuerlichkeiten, zit. nach Ludwig Tieck, Frühe Erzählungen und Romane, München o.J., S. 136. Der Roman selbst verfolgt das Ziel, auf Spannung („Abenteuerlichkeiten") zu verzichten, um als „guter" Text mehrmals lesbar zu sein. Was mich betrifft: vergeblich!
14 Siehe dazu Schwanitz a.a.O. (1992 und 1993).
15 Dasselbe gilt, wie Davis a.a.O. S. 212 ff. zeigt, für die gleichzeitig aufkommenden modernen „Ideologien". Offenbar gilt also ganz allgemein, daß die Latenz des Erzeugungsmecha-

terhaltungstexte einen Autor haben und kommuniziert werden, darf die Differenz von Information und Mitteilung nicht im Text erscheinen; denn damit würde die Diskrepanz von konstativen und performativen Textkomponenten zu Tage treten, die Aufmerksamkeit des Verstehenden würde auf diese Differenz gelenkt und dadurch abgelenkt werden. Er würde schwanken und sich entscheiden müssen, ob er mehr auf die Mitteilung und ihre Motive oder auch: auf die Schönheit und die konnotativen Vernetzungen ihrer poetischen Formen[16] achten oder sich der Unterhaltung überlassen solle. Unterhaltung heißt eben: keinen Anlaß suchen und finden, auf Kommunikation durch Kommunikation zu antworten. Statt dessen kann sich der Beobachter auf das Erleben und die Motive der im Text vorgeführten Personen konzentrieren und in *dieser* Hinsicht das Beobachten zweiter Ordnung lernen. Und da es sich „nur" um Unterhaltung handelt, tritt auch das Problem der Authentizität nicht auf, das im Falle eines Kunstwerks gegeben wäre. Der Roman verläßt denn auch als Kunstform um die Mitte des 19. Jahrhunderts, mit Flauberts L'éducation sentimentale, mit Melvilles The Confidence-Man, das Gebiet der Unterhaltung und überläßt es – den Massenmedien. Die Kunst des 20. Jahrhunderts läßt sich schließlich überhaupt nicht mehr als fiktional beschreiben; denn Fiktionalität setzt voraus, daß man wis-

---

nismus eine Funktion hat, in den massenmedial verbreiteten Texten eine klare Trennung selbstreferentieller und fremdreferentieller Verweisungen zu ermöglichen.

16 etwa im Sinne von Cleanth Brooks, The Well Wrought Urn: Studies in the Structure of Poetry, New York 1947, oder von Michael Riffaterre, Semiotics of Poetry, Bloomington Ind. 1978. Auch dies im übrigen ein Hinweis auf die Differenzierung von System der Massenmedien und Kunstsystem.

sen kann, wie die Welt aussehen müßte, damit die Fiktion als eine richtige Beschreibung der Welt gelten könnte.[17] Genau diese Beschreibung wird jedoch in der modernen Kunst systematisch boykottiert – und, wie wir nochmals sagen können, den Massenmedien überlassen, die damit den Bedarf an Unterhaltung bestreiten.

Wie immer bei operativer Schließung werden durch Ausdifferenzierung zunächst Möglichkeitsüberschüsse erzeugt. Formen der Unterhaltung unterscheiden sich deshalb danach, wie diese Überschüsse reduziert werden. Das Grundmuster dafür ist die Erzählung, die sich dann ihrerseits zu einem beträchtlichen Formenreichtum differenziert hat. Es gibt dazu (immer unter dem Gesichtspunkt von Unterhaltung, nicht zum Beispiel von Kunst) anscheinend nur wenige funktionale Äquivalente. Ein Beispiel wären Wettbewerbe aller Art, etwa Quizsendungen oder Übertragung von Sportveranstaltungen. Wir brauchen hier nicht ins Detail zu gehen, aber die Frage bleibt, wie diese imaginäre Ereignisvielfalt an die externe Realität rückgebunden wird.

Offenbar muß in hohem Maße auf Wissen Bezug genommen werden, das bei den Zuschauern bereits vorhanden ist. Unterhaltung hat insofern einen Verstärkereffekt in bezug auf schon vorhandenes Wissen. Aber sie ist nicht, wie im Nachrichten- und Berichtsbereich, auf Belehrung ausgerichtet. Vielmehr benutzt sie vorhandenes Wissen nur, um sich davon abzuheben. Das kann geschehen, indem der immer zufällige Erfahrungsaus-

---

17 Dies Kriterium bei Christoph Menke-Eggers, Die Souveränität der Kunst: Ästhetische Erfahrung nach Adorno und Derrida, Frankfurt 1988, S. 71, im Anschluß an M.C. Beardsley, Aesthetics: Problems in the Theory of Criticism, New York 1958, S. 414.

schnitt des einzelnen Zuschauers überschritten wird – sei es in Richtung aufs Typische (anderen geht es auch nicht besser); sei es in Richtung aufs Ideale (das man sich selber aber nicht zumuten muß); sei es in Richtung auf höchst unwahrscheinliche Kombinationen (mit denen man selber im Alltag zum Glück nicht rechnen muß). Außerdem sind direktere Einbeziehungen von Körper und Geist möglich – im Bereich der Erotik etwa oder in der den Zuschauer, der dies weiß, zunächst irreführenden Kriminalstory und vor allem in der zum Mitschwingen einladenden Musik. Unterhaltung zielt, gerade indem sie von außen angeboten wird, auf Aktivierung von selbst Erlebtem, Erhofftem, Befürchtetem, Vergessenem – wie einst die erzählten Mythen. Was die Romantiker vergeblich herbeisehnten, eine „neue Mythologie", wird durch die Unterhaltungsformen der Massenmedien beschafft. Unterhaltung re-imprägniert das, was man ohnehin ist; und wie immer, so sind auch hier Gedächtnisleistungen an Gelegenheiten zum Lernen gebunden.

Besonders Spielfilme benutzen diese allgemeine Form der Plausibilisierung von Unterscheidungen durch frühere und spätere Unterscheidungen innerhalb derselben Geschichte. Sie verdichten sie zusätzlich durch Einbeziehung von nur wahrnehmbaren (nicht erzählten!) Unterscheidungen. Der Ort der Handlung, ihre „Möblierung", wird mit sichtbar gemacht und dient mit *eigenen* Unterscheidungen (elegante Appartments, rasende Autos, seltsames technisches Gerät etc.) zugleich als *Kontext*, in dem sich Handeln profiliert und explizit Gesagtes auf ein Minimum reduziert werden kann. Man „sieht" Motive an ihren Effekten und kann den Eindruck gewinnen, daß Handlungsintentionen nur ein Teil des Gesamtgeschehens sind und daß der Handelnde selbst nicht voll überblickt, was er tut. Fast unbemerkt wird der Zuschauer dazu gebracht, sich selbst als Beobachter von Beobachtern zu begreifen und ähnliche oder auch andere Einstellungen in sich selbst zu entdecken.

Schon der Roman hatte seine Leitthemen in den Körpern seiner Protagonisten gefunden, und zwar speziell in den Schranken der Kontrollierbarkeit von Körpervorgängen.[18] Das erklärt die Dominanz von Erotik und von gefährlichen Abenteuern, an denen der Leser dann voyeuristisch mit Körper-zu-Körper Analogie teilnehmen kann. Die Spannung der Erzählung wird in den Schranken der Kontrollierbarkeit des jeweils eigenen Körpers „symbolisch" verankert. Wenn Verfilmung und Fernsehen hinzukommen, brauchen diese Schwerpunkte in Erotik und Abenteuer nicht geändert zu werden; aber sie werden im Bild drastischer, komplexer und zugleich eindrücklicher vorführbar; und sie werden auf spezifische Weise ergänzt – zum Beispiel durch Visibilisierung von Zeit als Tempo oder durch Vorführung von Grenzsituationen der Körperbeherrschung in artistischen Filmkomponenten und im Sport, an denen am Grenzfall zugleich das Problem des Umschlag von Beherrschung in Nichtbeherrschung sichtbar wird. Deshalb dienen auch Sportsendungen im Fernsehen (im Unterschied zu den Resultaten, die man lesen kann) primär der Unterhaltung, weil sie die Spannung auf der Grenze von kontrollierter und nichtkontrollierter Kör-

---

18 Siehe hierzu unter allgemeineren Gesichtspunkten Alois Hahn/Rüdiger Jacob, Der Körper als soziales Bedeutungssystem, in: Peter Fuchs/Andreas Göbel (Hrsg.), Der Mensch – das Medium der Gesellschaft, Frankfurt 1994, S. 146-188.

perlichkeit stabilisieren. Diese Erfahrung macht im Rückblick deutlich, wie schwer, ja unmöglich, es wäre, den Verlauf sportlicher Ereignisse – von Pferderennen bis zum Tennisspiel – zu erzählen. Man muß hingehen oder es sich im Fernsehen anschauen.

Die Kunstform des Romans und daraus abgeleitete fiktionale Formen der spannenden Unterhaltung rechnen mit Individuen, die ihre Identität nicht mehr aus ihrer Herkunft beziehen, sondern sie selber gestalten müssen. Eine entsprechend offene, auf „innere" Werte und Sicherheiten abstellende Sozialisation scheint in den „bürgerlichen" Schichten des 18. Jahrhunderts zu beginnen; sie ist heute unvermeidlich geworden. Jeder findet sich vor, schon geboren, als jemand, der seine Individualität erst noch bestimmen oder bestimmen lassen muß nach Maßgabe eines Spiels, „of which neither he nor any one else back to the beginning of time knew the rules or the risks or the stakes."[19] Es liegt dann verführerisch nahe, virtuelle Realitäten an sich selber auszuprobieren – zumindest in einer Imagination, die man jederzeit abbrechen kann.

Die am Roman gewonnene Form der erzählenden Unterhaltung ist heute nicht mehr alleinherrschend. Mindestens seit der Ausbreitung des Fernsehens hat sich eine zweite Form danebengesetzt, nämlich die Gattung der höchstpersönlichen Erfahrungsberichte. Personen werden, im Bild sichtbar, vorgeführt und ausgefragt, oft mit Interesse an intimsten Details ihres Privat-

---

19 So The Education of Henry Adams: An Autobiography (1907), zitiert nach der Ausgabe Boston 1918, S. 4. Der ganze Text ist eine einzige Illustration für das hier gemeinte Problem eines den Oszillationen einer eigenen Karriere ausgesetzten Individuums.

lebens. Wer sich auf eine solche Situation einläßt, kann als aussagebereit unterstellt werden; der Fragende kann ungeniert vorgehen und der Zuschauer den Wegfall aller Peinlichkeit genießen. Aber warum?

Anscheinend liegt das Interesse an solchen Sendungen darin, eine glaubwürdige, aber nicht konsenspflichtige Realität vorgeführt zu bekommen. Obwohl in derselben Welt lebend (es gibt keine andere), wird der Zuschauer keinen Konsenszumutungen ausgesetzt. Ihm steht es frei, zuzustimmen oder abzulehnen. Ihm wird kognitive und motivationale Freiheit angeboten – und dies ohne Realitätsverlust! Der Gegensatz von Freiheit und Zwang ist aufgehoben. Man kann sich selbst wählen und wird nicht einmal darauf verpflichtet, bei dem zu bleiben, was man von sich selbst hält, wenn es ernst wird.

Unterhaltungsvorführungen haben somit immer einen Subtext, der die Teilnehmer einlädt, das Gesehene oder Gehörte auf sich selber zu beziehen. Die Zuschauer sind als ausgeschlossene Dritte eingeschlossen – als „Parasiten" im Sinne von Michel Serres.[20] Die Unterscheidungssequenzen, die sich auseinander entwickeln, indem eine die Gelegenheit für eine andere gibt, machen in ihrer Welt der Imagination außerdem noch einen zweiten Unterschied – den zum Wissen, Können, Fühlen der Zuschauer. Dabei geht es nicht darum, welchen Eindruck der Text, die Sendung, der Film auf den einzelnen Zuschauer macht. Auch ist die Wirkung nicht mit dem einfachen Konzept der Analogiebildung und

---

20 Michel Serres, Le Parasite, Paris 1980. Das heißt in der Folge, daß die Massenmedien selbst Parasiten zweiter Ordnung sind, Parasiten, die am Parasitentum ihrer Zuschauer parasitieren.

der Nachahmung zu erfassen – so als ob man nun mit sich selbst ausprobierte, was man im Roman gelesen oder im Film gesehen hat. Man wird nicht zur Angleichung eigenen Verhaltens motiviert (das würde das eigene Können rasch überfordern und, wie man weiß, lächerlich wirken).[21] Man lernt Beobachter beobachten – und zwar im Hinblick auf die Art, wie sie auf Situationen reagieren, also: wie sie selber beobachten.[22] Dabei ist man als Beobachter zweiter Ordnung klüger, aber auch weniger motiviert als der, den man beobachtet; und man kann erkennen, daß er für sich selbst weitgehend intransparent bleibt, oder mit Freud: nicht nur etwas zu verbergen hat, sondern etwas latent Bleibendes ist.

Was sich dabei im individuellen Zuschauer abspielt, welche nicht-linearen Kausalitäten, dissipativen Strukturentwicklungen, negativen oder positiven feedbacks usw. durch solche Zufallsbeobachtungen ausgelöst werden, ist schlechterdings nicht vorhersehbar und auch durch Programmwahlen in den Massenmedien nicht zu steuern. Psychologische Effekte sind viel zu komplex

---

21 Daß gewisse Nachahmungseffekte, vor allem in den modischen Bereichen der Kleidung, des Haarschnitts, der „lässigen" Gestik, des offenen Darstellens sexueller Interessen eine Rolle spielen, soll damit nicht bestritten sein.

22 Genau das besagt der oft mißdeutete Begriff der „Sympathie" bei Adam Smith: „Sympathie entspringt also nicht so sehr aus dem Anblick des Affektes, als vielmehr aus dem Anblick der Situation, die den Affekt auslöst." (Adam Smith, The Theory of Moral Sentiments, 1759, zit. nach der deutschen Übersetzung, Leipzig 1926, Bd. 1, S. 9. Dem sekundiert auch die moderne Attributionsforschung, die ihrerseits beobachtet, daß Handelnde ihr Handeln aus der Situation heraus verstehen und erklären, während Beobachter eher dazu tendieren, es auf Merkmale des Handelnden selbst zuzurechnen.

und viel zu eigendeterminiert und viel zu verschieden, als daß sie in die massenmedial vermittelte Kommunikation einbezogen werden könnten. Vielmehr ist gemeint, daß jede Operation, die im fiktionalen Bereich der Imagination abläuft, auch eine Fremdreferenz mitführt, nämlich die Referenz auf die reale Realität, wie sie gewußt und bewertet und als Thematik der üblicherweise laufenden Kommunikation immer schon vorliegt. Und es ist vor allem diese Richtung der Unterscheidung von realer und fiktionaler Realität, die den Unterhaltungswert der Unterhaltungskommunikation produziert. Der „Witz" der Unterhaltung ist der ständig mitlaufende Vergleich, und Formen der Unterhaltung unterscheiden sich wesentlich danach, wie sie Weltkorrelate in Anspruch nehmen: bestätigend oder ablehnend, mit bis zuletzt durchgehaltener Ungewißheit des Ausgangs oder beruhigend mit der Sicherheit: mir kann so etwas nicht passieren.

Psychische Systeme, die an Kommunikation durch Massenmedien teilnehmen, um sich zu unterhalten, werden dadurch eingeladen, auf sich selbst zurückzuschließen. Das ist seit dem 18. Jahrhundert mit der Unterscheidung von Kopie und authentischem Selbstsein beschrieben worden[23], und sicher gibt es imitative

---

23 Siehe als Ausgangspunkt der späteren Diskussion Edward Young, Conjectures on Original Composition (1759), zit. nach The Complete Works, London 1854, Nachdruck Hildesheim 1968, Bd. 2, S. 547-586. Vgl. auch Stendhal, De l'amour (1822), zit. nach der Ausgabe Paris 1959. Hier findet man das Problem als Typengegensatz des homme-copie (S. 276) und der authentischen candeur („cette qualité d'une âme qui ne fait aucun retour sur elle-même", S. 99). Siehe auch die Gegenüberstellung der Charaktere des Titan und des durch Vorwegnahme des Erlebens, also durch Lektüre verdorbenen Roquairol in

Selbststilisierungen mehr oder weniger unbewußter Art, deren Verbreitung nur so zu erklären ist; etwa eine Gestik der Lässigkeit oder der Schnoddrigkeit als Ausdruck der Selbständigkeit gegenüber Zumutungen. Aber diese Unterscheidung Imitation/Authentizität erklärt nicht zureichend, wie das Individuum sich in dieser Gabelung *als Individuum identifiziert*. Das scheint im Modus der Selbstbeobachtung zu geschehen, oder genauer: durch Beobachten des eigenen Beobachtens. Wenn die Option Imitation/Authentizität gegeben ist, kann man für beide Seiten oder mal für die eine und mal für die andere optieren, *sofern man sich selber beobachtet und darin seine Identität zu finden sucht*. Die Reflexion kann dann nur noch ein merkmalsloses, intransparentes Ich geben, das aber, solange sein Körper lebt und es in der Welt placiert, beobachten kann, wie es beobachtet. Und nur so ist es möglich, in der Bestimmung dessen, was jeder für sich selbst ist, auf Merkmale der Herkunft zu verzichten.

Mit diesen Überlegungen ist auch der Sonderbeitrag des Segments „Unterhaltung" zur allgemeinen Erzeugung von Realität sichtbar geworden. Unterhaltung ermöglicht eine Selbstverortung in der dargestellten Welt. Es ist dann schon eine zweite Frage, ob dies Manöver so ausfällt, daß man mit sich und der Welt zufrieden sein kann. Auch bleibt offen, ob man sich mit den Charakteren des Plot identifiziert oder Unterschiede registriert. Das, was als Unterhaltung angeboten wird, legt niemanden fest; aber es gibt genügend Anhaltspunkte

---

Jean Pauls Titan, zit. nach Werke Bd. II, München 1969, S. 53-661. Das Gesamtkonzept muß beim Leser die kontraindizierte Frage wecken, wie er es anstellen könne, unreflektiert authentisch zu sein und, trotz Lektüre, zu bleiben.

(die man weder in den Nachrichten noch in der Werbung finden würde) für Arbeit an der eigenen „Identität". Fiktionale Realität und reale Realität bleiben offensichtlich unterschieden, und eben deshalb wird das Individuum, was seine Identität betrifft, Selbstversorger. Weder muß, noch kann es seine Identität kommunizieren. Es braucht sich daher auch nicht festzulegen. Aber wenn dies in Interaktionen nicht mehr gefordert wird oder immer wieder mißlingt, kann man statt dessen auf Materialien aus den Unterhaltungsangeboten der Massenmedien zurückgreifen.

Damit regelt die Unterhaltung auch, zumindest auf der Seite der Subjekte, Inklusion und Exklusion. Aber nicht mehr so wie das bürgerliche Drama oder der Roman des 18. Jahrhunderts in einer Form, die an einen typisierten Gefühlsaufwand gebunden war und damit den (noch nicht verbürgerlichten) Adel und die Unterschicht ausschloß; sondern als Inklusion aller mit Ausnahme derer, die sich an der Unterhaltung so wenig beteiligen, daß sie in Einzelfällen kein Interesse mehr aktivieren können, und sich per Abstinenz (oft arroganter Abstinenz) an ein Selbst gewöhnt haben, daß darauf nicht angewiesen ist und sich eben dadurch definiert.

Kapitel 9
Einheit und strukturelle Kopplungen

Die drei Programmbereiche, die wir separat behandelt haben, lassen sich in ihrer Typik deutlich voneinander unterscheiden. Das schließt wechselseitige Anleihen nicht aus. Berichte sollten nach typischer Journalistenmeinung unterhaltsam geschrieben werden (aber was heißt das? leicht lesbar?); und viele Sensationsnachrichten der Boulevard-Presse werden im Hinblick auf ihren Unterhaltungswert ausgewählt[1] (aber auch hier wäre Unterhaltung breiter verstanden und nicht im oben präzisierten Sinne als Abbau einer selbsterzeugten Unsicherheit). Vor allem Werbung, deren Bezugsrealität Markt nicht gerade besonders inspirierend wirkt, muß sich etwas einfallen lassen, also Unterhaltung und Berichte über schon Bekanntes aufnehmen. Das amerikanische Zeitungswesen hatte im 19. Jahrhundert seine eigene Unabhängigkeit zunächst über Anzeigen gesichert und dann Nachrichten und Unterhaltung hinzuerfunden.[2] Die Effekte dieser Entstehungsgeschichte wirken

---
1 Darauf hat in der Diskussion des Vortrags in der Nordrhein-Westfälischen Akademie der Wissenschaften Herr Schultz-Tornau MdL hingewiesen.
2 Vgl. zu diesem Kontext der Entstehung des journalistischen Pathos der objektiven Berichterstattung Schudson a.a.O. (1978). Zur Dominanz von Werbung im amerikanischen Pressewesen vgl. auch die Erfahrung von Henry Adams als Her-

immer noch nach – nicht zuletzt dadurch, daß einzelne Blätter, vor allem die New York Times, diese typenprägende Wirkung benutzen, um sich davon zu unterscheiden. Heute findet man vor allem Spartenblätter oder besondere Zeitungsseiten für Computertechnik, Automobile, ökologische Gartenpflege, Ferienreisen usw., in denen Sachinformation zur Einkleidung von Werbung benutzt wird. Nicht zuletzt produziert die populäre Ikonographie des Fernsehens ein Bild- und Wiedererkennungswissen, das Übertragungen vom einen Bereich in einen anderen begünstigt. Innerhalb der einzelnen Programmbereiche kann man also Anleihen bei anderen beobachten. Gerade witzige Werbung spielt mit dem impliziten Wissen des Empfängers, ohne es platt und direkt in Erinnerung zu bringen. Auch Berichte werden vom Stil oder von der Bildfolge her mit Momenten der Unterhaltung angereichert, um nicht zu langweilen. Dennoch ist normalerweise (wenn die Produktion nicht auf Irreführung angelegt ist) leicht zu erkennen, welcher Programmbereich das Produkt dirigiert. Würde diese Annahme bezweifelt werden, könnte man sie leicht empirisch testen.

Allerdings sind für das Erkennen des Programmbereichs besondere Signale erforderlich, die die Sendungen rahmen. Bei Zeitungsanzeigen muß deutlich erkennbar sein, daß es sich nicht um eine Nachricht handelt, sondern um Werbung. Beim Fernsehen mag, etwa

---

ausgeber des North American Review 1871 ff., zit. nach: The Education of Henry Adams: An Autobiography, Boston 1918, S. 308: „The secrets of success as an editor were easily learned; the highest was that of getting advertisements. Ten pages of advertising made an editor a success; five marked him as a failure."

beim „zapping", im Moment unklar sein, ob es um eine Unterhaltungssendung geht oder um Nachrichten oder Berichte. Man denke an die berühmt gewordene Konfusion aus Anlaß der Sendung „War of the Worlds", wo viele Zuschauer glaubten, es handele sich tatsächlich um eine Landung außerirdischer Lebewesen. Filme werden typisch am Anfang und am Ende als solche markiert. Werbung ist fast immer sofort als solche zu erkennen. Externe Rahmen sind nur im Moment ihrer Sendung erkennbar, aber es gibt, für erfahrene Zuschauer, eine Fülle von internen Signalen, die eine Zuordnung ermöglichen.[3] Das Problem entsteht jedoch nur, weil ein einheitliches technisches Medium verwendet wird, das für sehr verschiedene Formen verwendet werden kann.

Trotzdem wird es nicht leicht fallen, die These der Einheit eines Systems der Massenmedien zu akzeptieren, das auf drei so verschiedenen Säulen beruht, wie es Nachrichten/Berichte, Werbung und Unterhaltung sind. Zunächst fällt die Verschiedenartigkeit dieser Kommunikationsweisen ins Auge. Zwar kann man sich empirisch leicht davon überzeugen, daß alle drei Bereiche dieselbe Verbreitungstechnologie benutzen und regelmäßig in derselben Zeitung oder innerhalb einer einzigen Sendestunde des Hörfunks oder des Fernsehens zu finden sind. Aber gerade wenn man von der Codierung Information/Nichtinformation ausgeht, beeindruckt die Verschiedenartigkeit der Realisationen, der Erzeugung von Irritation und Information in den einzelnen Medienbereichen.

Sicher unterscheiden sich Nachrichten, Werbung und

---

[3] Diese Unterscheidung von „signal systems" bei Raymond Williams, The Sociology of Culture, New York 1982, S. 130 ff.

Unterhaltung danach, wie sie in der weiteren Kommunikation verwendet werden können. Wer durch Nachrichten oder Berichte gut informiert ist, kann diese Information weitergeben oder gegebenenfalls über sie, statt über das Wetter, reden, um weitere Kommunikation in Gang zu bringen. Das ist bei Werbung weniger sinnvoll, und auch bei Unterhaltung besteht die weitere Kommunikation nicht darin, daß die Geschichten weitergesponnen werden oder man daraus Belehrungen zieht und verkündet. Man mag Geschmacksurteile austauschen und sich als urteilsfähig zeigen. Insgesamt dürfte aber der Beitrag aller drei Formen massenmedialer Kommunikation eher darin liegen, *und darin kommen sie dann überein*, Voraussetzungen für weitere Kommunikation zu schaffen, *die nicht eigens mitkommuniziert werden müssen*. Das gilt für aktuelles Informiertsein ebenso wie für aktuelles Kultiviertsein, was Urteile über Werte, Lebensformen, Mode und Nicht-mehr-Mode angeht. Dank der Massenmedien ist es denn auch möglich, abzuschätzen, ob es zuträglich ist oder als provokativ empfunden wird, wenn man auf Distanz geht und eine eigene Meinung vorzeigt. Weil die Massenmedien eine Hintergrundrealität erzeugt haben, von der man ausgehen kann, kann man davon abheben und sich mit persönlichen Meinungen, Zukunftseinschätzungen, Vorlieben usw. profilieren.

Die gesellschaftliche *Funktion* der Massenmedien findet man deshalb nicht in der Gesamtheit der jeweils aktualisierten Informationen (also nicht auf der positiv bewerteten Seite ihres Codes), sondern in dem dadurch erzeugten Gedächtnis.[4] Für das Gesellschaftssystem be-

---

4 So wie ja auch die Funktion der Wirtschaft nicht in der Her-

steht das Gedächtnis darin, daß man bei jeder Kommunikation bestimmte Realitätsannahmen als bekannt voraussetzen kann, ohne sie eigens in die Kommunikation einführen und begründen zu müssen. Dies Gedächtnis wirkt an allen Operationen des Gesellschaftssystems, also an allen Kommunikationen mit, dient der laufenden Konsistenzkontrolle im Seitenblick auf die bekannte Welt und schaltet allzu gewagte Informationen als unwahrscheinlich aus. Die jeweils behandelten Realitätsausschnitte (Themen) werden so durch eine zweite, nicht konsenspflichtige Realität überlagert. Jeder kann sich als Beobachter der Beobachtung durch andere aussetzen, ohne daß das Gefühl aufkäme, man lebe in verschiedenen, inkommensurablen Welten. Es mag dann zu einer Art von Sportlichkeit in der Kommunikation eigenwilliger Urteile kommen, die sich doch auf eine gemeinsam unterstellte Realität stützen kann und nicht (oder nur in Grenzfällen) Gefahr läuft, psychiatrisch gedeutet zu werden. Die direkten Bezugnahmen auf die übermittelten Informationen mögen variieren und sich hauptsächlich auf aktuelle Nachrichten beziehen; bei der Erzeugung einer latenten Alltagskultur und bei der ständigen Reproduktion der Rekursivität des gesellschaftlichen Kommunizierens wirken die Programmbereiche aber zusammen und begießen gleichsam dasselbe Beet, aus dem nach Bedarf geerntet werden kann.

Massenmedien sind also nicht in dem Sinne Medien, daß sie Informationen von Wissenden auf Nichtwissende übertragen. Sie sind Medien insofern, als sie ein Hintergrundwissen bereitstellen und jeweils fortschreiben,

---

stellung von Reichtum liegt, die Funktion der Politik nicht im an-der-Macht-sein usw.

von dem man in der Kommunikation ausgehen kann. Die konstituierende Unterscheidung ist nicht Wissen/Nichtwissen, sondern Medium und Form.[5] Das Medium stellt einen riesigen, aber gleichwohl eingeschränkten Bereich von Möglichkeiten bereit, aus dem die Kommunikation Formen auswählen kann, wenn sie sich temporär auf bestimmte Inhalte festlegt. Und genau hierzu leisten Nachrichten/Berichte, Werbung und Unterhaltung auf sehr verschiedene Weise Beiträge.

Ein weiterer Grund für die Reproduktion der Differenz von Nachrichten/Berichten, Werbung und Unterhaltung dürfte darin liegen, daß die Massenmedien mit diesen Bereichen zugleich unterschiedliche strukturelle Kopplungen unterhalten und damit auch unterschiedliche Anlehnungen an andere Funktionssysteme reproduzieren. Die Werbung ist ohne Zweifel ein eigener Markt des Wirtschaftssystems mit eigenen, an Spezialmärkten orientierten Organisationen. Aber sie ist nicht nur das. Denn Werbung muß ihr Produkt über die Eigendynamik des sozialen Systems der Massenmedien realisieren und nicht nur, wie im typischen Falle bei anderen Produkten, über die technische bzw. physikalisch-chemisch-biologische Eignung zur Befriedigung eines bestimmten Bedarfs. Im Bereich der Werbung ist also die Wirtschaft ebenso auf das System der Massenmedien angewiesen wie dieses auf sie; und es läßt sich, wie typisch für Fälle struktureller Kopplungen, keine sachlogische Asymmetrie, keine Hierarchie feststellen. Man kann nur, wie beim Thermostat, einen kybernetischen Zirkel feststellen, wo es dann vom Beobachter abhängt,

---

5 Hierzu ausführlicher Niklas Luhmann, Die Wissenschaft der Gesellschaft, Frankfurt 1990, S. 53 ff., 181 ff.

ob er meint, die Heizung regele mit Hilfe des Thermostates die Temperatur des Raumes oder die Temperatur des Raumes regele mit Hilfe des Thermostates den Betrieb der Heizung.[6]

Etwas weniger eindeutig ist der gleiche Sachverhalt im Falle der Unterhaltung. Deren Prinzip der Auflösung einer selbsterzeugten Ungewißheit durch Informationssequenzen findet man auch in der Kunst, vor allem im Roman, aber auch in der Musik, im Tanz, im Theater. Deshalb liegt es nahe, Unterhaltung als Trivialkunst aufzufassen. Aber was besagt dann die Unterscheidung trivial/nichttrivial? Vermutlich liegt der Unterschied in der Problematisierung der Information, oder genauer: in der Frage, ob die Selbstreferenz der Information mitbeobachtet wird oder nicht. Wenn selbstreferentiell, dann wird die Information im rekursiven Netzwerk des Kunstwerks gewürdigt, also bezogen auf das, was die Selektion gerade dieser Information (und keiner anderen) zum Formenspiel des Kunstwerks beiträgt. Wenn trivial, dann wird die Information nur als Überraschung, als angenehme Aufhebung noch offener Unbestimmtheiten erlebt. Es ist danach durchaus möglich, Kunstwerke trivial zu erleben oder sie trivial zu kopieren unter Verzicht auf die Mitreflexion der durch die Sequenz der Informationen ausgeschlossenen Möglichkeiten. Und dafür spricht nicht zuletzt die Tatsache, daß viel Unterhaltung mit Bausteinen gearbeitet ist, die zu-

---

[6] Im übrigen soll hier keine Gleichverteilung der Beobachter behauptet werden. Im Falle der Werbung mag es mehr Beobachter geben, die behaupten, die Wirtschaft dominiere die Werbung, als für den umgekehrten Fall. Aber das besagt ja nur, daß man die Beobachter beobachten muß, wenn man in der Frage, wie die Gesellschaft den Zirkel unterbricht, zu Schlüssen kommen will.

nächst für Kunstwerke entwickelt worden waren.[7] Man wird hier kaum von wechselseitigen strukturellen Kopplungen sprechen können, da nicht zu sehen ist, wie die Kunst von ihrer Trivialisierung als Unterhaltung profitieren könnte – es sei denn im Sinne eines drifting in Richtung auf Formen, die sich immer weniger als Unterhaltung eignen, also im Sinne eines Zwangs zum Bestehen auf Unterschied. Aber eine Anlehnung der Unterhaltung an das Kunstsystem läßt sich beobachten und damit auch eine mehr oder weniger breite Zone, in der die Zuordnung zu Kunst oder Unterhaltung uneindeutig ist und der Einstellung des Beobachters überlassen bleibt.

Eine wieder andere Situation trifft man im Nachrichten- und Berichtswesen an. Hier gibt es deutliche strukturelle Kopplungen zwischen Mediensystem und politischem System. Die Politik profitiert von „Erwähnungen" in den Medien und findet sich durch sie zugleich irritiert (wie Andreotti durch die Karikaturen Forattinis). Meldungen in den Medien erfordern zumeist eine Reaktion im politischen System, die im Regelfalle als Kommentierung in den Medien wiedererscheint. Weitgehend haben deshalb dieselben Kommunikationen zugleich eine politische und eine massenmediale Relevanz. Aber das gilt immer nur für die Einzelereignisse

---

7 Die *Unterscheidung* wird betont in einem berühmten Aufsatz von Clement Greenberg, Avant-Garde and Kitsch (1939), zit. nach dem Wiederabdruck in ders., Art and Culture, Boston 1961, S. 3-21, offensichtlich gerichtet gegen sowjetische und nationalsozialistische Versuche, Kunst politisch zu disziplinieren. Aber es gab längst davor Versuche, von moderner Kunst aus die Kluft zwischen „hoher" und „niederer" Kunst zu überbrücken. Siehe dazu Victor Burgin, The End of Art Theory: Criticism and Postmodernity, London 1986, S. 2 ff.

und nur ad hoc. Denn die Weiterverarbeitung folgt im politischen System, vor allem unter den Bedingungen der Demokratie und einer in der Form von Parteien existierenden Opposition, ganz anderen Wegen als in den Medien, wo es um eine Art Geschichte in Fortsetzungen geht. Diese unterschiedlichen Rekursionsnetze besagen letztlich, daß solche Ereignisse, die für den Beobachter erster Ordnung als jeweils nur eines, als eine „politische Nachricht" erscheinen mögen, doch ganz verschieden identifiziert werden je nach dem, in welchem System die Identifikation erfolgt.

Ähnliche strukturelle Kopplungen kann man im Verhältnis von Medien und Sport feststellen. Weitere Themenbereiche (Kunst, Wissenschaft, Recht) sind eher marginal betroffen – das Recht typisch (aber eben nur in Einzelfällen) irritiert durch eine Vorwegverurteilung in den Medien oder durch eine Art der Berichterstattung, die Konsequenzen hat, die im weiteren Verlauf der juristischen Meinungsbildung unter dem Gesichtspunkt von „Folgenverantwortung" kaum ignoriert werden können.[8] Ein exemplarischer Fall: das „Rodney King Beating Trial" in Los Angeles 1992/93. Jedenfalls folgt die Aufgliederung des Nachrichtenteils nicht nur einer Art Gattungslogik, sondern auch den Betroffenheiten, die es in anderen Systemen der Gesellschaft erzeugt, und das typisch in der Form einer System-zu-System Zuordnung.

---

8 Ein bemerkenswerter Ausnahmefall ist die sorgfältig geplante Presse- und Fernsehbehandlung der Antikorruptionskampagne italienischer Staatsanwälte und Richter. Hier wird sehr bewußt medienpolitisch gearbeitet, ohne daß für die daraus entstehenden Folgen dann die politische Verantwortung übernommen wird.

Last, but not least: die Massenmedien scheinen in allen Programmbereichen nicht auf die Erzeugung einer *konsensuellen* Realitätskonstruktion abzuzielen – oder wenn dies, dann ohne Erfolg. Ihre Welt enthält und reproduziert Meinungsverschiedenheiten in Hülle und Fülle. Dies geschieht nicht nur, wenn über Konflikte berichtet wird, wenn sich ein Manipulationsverdacht aufdrängt oder wenn rein private Realitätssichten „life" vorgeführt werden. Durchgehend arbeiten die Massenmedien immer auch an ihrer eigenen Diskreditierung. Sie kommentieren, sie bestreiten, sie korrigieren sich selbst. Die Themen, nicht die Meinungen sind entscheidend. Vom „Waldsterben" ist so viel die Rede, daß man schließlich weiß, daß man nicht weiß, was die Ursachen sind, aber jedenfalls weiß, daß es dazu verschiedene Meinungen gibt. Angesichts der Komplexität der Themen und Beiträge versagt auch die Zurechnung von Meinungsverschiedenheiten auf fest vorgegebene Strukturen, etwa Schichtung oder ideologische Parteiungen. Wir lernen nur, das Beobachten zu beobachten und bei zu erwartenden Divergenzen den Konflikt selbst als Realität zu erleben. Je mehr Information, desto größer die Unsicherheit und desto größer auch die Versuchung, eine eigene Meinung zu behaupten, sich mit ihr zu identifizieren und es dabei zu belassen.

Welche Folgerungen hat die Theorie aus dieser Beschreibung zu ziehen?

Wir können wohl ausschließen, daß die genannten Programmbereiche jeweils eigene, operativ geschlossene (!) Funktionssysteme bilden.[9] Aber auch die Vorstel-

---

9 Es gibt solche Überlegungen für den Nachrichtenbereich. Aber dann blieben Werbung und Unterhaltung übrig, und

lung, es handele sich in allen Fällen nur um einen Annex jeweils anderer Funktionssysteme, die sich der Massenmedien als eines technischen Mittels der Verbreitung ihrer Kommunikationen bedienen, vermag kaum zu überzeugen. Dabei bliebe die Eigendynamik und der „konstruktivistische Effekt" dieser Medien unberücksichtigt. Sie lassen sich als folgenreiche soziale Kommunikation ja nicht auf bloße Technik reduzieren. Solche Probleme können vermieden werden, wenn man von der Annahme ausgeht, es handele sich um eine Differenzierung des Systems der Massenmedien auf der Ebene seiner Programme.

Das führt zu der ausarbeitbaren Vorstellung, das System benutze seine Programmatik, um seine Beziehungen zu anderen Funktionssystemen der Gesellschaft zu diversifizieren; und dies auf *struktureller* Ebene, weil Kontakte auf *operativer Ebene* ausgeschlossen sind. Solche Arrangements kennt man auch in anderen Funktionssystemen. Zum Beispiel differenziert das Rechtssystem die Geltungsquellen seiner Programme nach Judikatur, Gesetzgebung und Vertrag, um die Beziehungen zu sich selbst, zur Politik und zur Wirtschaft auseinanderhalten zu können.[10] Und das Kunstsystem kennt sehr verschiedenartige Arten von Kunst (bildende Künste, Dichtung, Musik usw.) je nach dem, welche Wahrnehmungsmedien der Umwelt in Anspruch genommen werden. In all diesen Fällen finden wir die gleiche Schwierigkeit, das System in dieser Differenzierung als

---

man müßte sie anderen Systemen zuschlagen, etwa dem Wirtschaftssystem oder einem (schwer zu identifizierenden) System des Konsumierens von „Freizeit".
10 Siehe Niklas Luhmann, Das Recht der Gesellschaft, Frankfurt 1993.

Einheit zu erfassen. Die Juristen haben das Problem, das „Richterrecht" oder gar den Vertrag als Rechtsquelle zu begreifen, und das Kunstsystem wird überhaupt erst in der zweiten Hälfte des 18. Jahrhunderts als ein System „der schönen Künste" beschrieben, und selbst dann mit dem bis heute andauernden Disput, ob Literatur dazugehört oder nicht.

Die Einteilungen der Massenmedien in Programmbereiche, aber auch innerhalb der Programmbereiche, machen den Zerfall der Ordnung sichtbar, die man früher als Klassengesellschaft bezeichnet hatte, und tragen dadurch ihrerseits zur Auflösung von Klassenstrukturen bei. Das heißt nicht, daß keine Unterschiede sozialer Prominenz mehr vermittelt würden und ein Nivellierungsprozeß eingesetzt hätte. Aber die Fraktionierung der Suggestion von Bedeutung zerstört die Illusion einer *durchgehenden* Überlegenheit bzw. Unterlegenheit von Teilen der Bevölkerung. Die Produktion der Massenmedien beruht nicht auf einer quasi-feudalen Klassenstruktur, sondern auf einer Rollenkomplementarität von Arrangeuren und sektoral interessierten Mitgliedern des Publikums. Dadurch trennen sich die immer wieder erwähnten Namen und die immer wieder gezeigten Gesichter in der Politik und in der Wirtschaft, im Sport und im Show-Business. Man sieht Häuser und Möblierungen, die offensichtlich gekauft und nicht geerbt worden sind und keine Schlüsse auf Bildung oder Einfluß erlauben. Die Herkunftsschichten werden so durch fraktionierte Prominenz ersetzt; und es gehört nur noch zur Mythologie der Moderne, daß „dahinter" eine unsichtbare Macht am Wirken sei; was dem Zuschauer erklärt, weshalb er selbst nicht so ausgezeichnet wird. Wenn dies als gesellschaftliche Realität so konstruiert und immer wieder bestätigt wird, hat keine Macht die Macht, sich dagegen durchzusetzen. Man leitet die Bedürfnisse nach vereinfachenden Erklärungen dann in jene qualitas occulta ab, die es ermöglicht, die wahrgenommene Realität auf ein Schema von Macht und Opfer zu reduzieren.

Funktionssysteme identifizieren sich, so können wir diese Analyse zusammenfassen, als Einheit auf der Ebene ihres Codes, also mittels einer primären Differenz, und sie differenzieren ihre Umweltbeziehungen auf der Ebene ihrer Programme. Die Differenz von Codierung und Programmierung ist in der Reflexion des Systems zugleich die Differenz von Identität und Differenz. Die Ausgestaltung und das Ausmaß an noch tragbarer Programmdifferenzierung hängen dann ab von der spezifischen Funktion des Systems und von den gesellschaftlichen Bedingungen seiner Ausdifferenzierung.

Kapitel 10
Individuen

Wenn demnach vieles für eine Differenzierung der Programmbereiche Nachrichten/Berichte, Werbung und Unterhaltung spricht: was spricht für ihren Verbund in ein und demselben Funktionssystem?

Man könnte drucktechnische und funktechnische Gründe anführen, denn die Massenmedien benutzen in allen Fällen dieselbe Technologie, um sich aus den Interaktionskontexten des täglichen Lebens auszudifferenzieren. Weitere Gründe liegen in der gemeinsamen Codierung Information/Nichtinformation und in der Funktion des Systems. Das sind wichtige, aber extrem formale Merkmale, die wenig Aufschluß geben über den Sinn der Programmtypendifferenzierung. Die Frage bleibt: warum gerade so, warum nicht anders?

Sucht man nach einer konkreter zugreifenden Erklärung, so fällt auf, daß Differenzierung Formen nachzeichnet, in denen die moderne Gesellschaft individuelle Motivlagen für Kommunikation verfügbar macht. Diese Erklärung setzt voraus, daß unter „Motiv" nicht psychisch oder gar neurophysiologisch wirkende Kausalfaktoren verstanden werden, sondern daß es ausschließlich um kommunikative Darstellungen geht, also darum, wie Zurechnung auf Individuen in der Kommunikation behandelt wird.[1] Denn die Kommunikation über Motive muß sich damit abfinden, daß sie die unterstellten Kausalitäten nicht wirklich eruieren und verifizieren kann. Es kann also nur um „Gründe" des Handelns gehen, die explizit oder implizit auf Individuen bezogen werden, aber, operativ gesehen, Artefakte der gesellschaftlichen Kommunikation sind und nur als solche an der Erzeugung weiterer Kommunikationen mitwirken können – was immer die Individuen sich dabei denken.

Nachrichten und Berichte setzen Individuen als kognitiv interessierte Beobachter voraus, die nur zur Kenntnis nehmen, was ihnen vorgeführt wird. Zugleich gleichen die Medien diese unterstellte Passivität dadurch aus, daß sie einzelne Akteure, über die berichtet wird, als Ursache ihres eigenen Handelns singularisieren. Damit wird registriert, daß nur sozial zugewiesene Prominenz zu einflußreichem Handeln befähigt oder andernfalls ein irgendwie auffälliges, merkwürdiges, oft kriminelles Individualverhalten vorliegt. In beiden Fällen wird der Zuschauer implizit davon abgehalten, Rückschlüsse auf sich selbst zu ziehen. Es wird ihm seine passive Rolle als einer unter vielen Milliarden und

---

1 Eine frühe Darstellung dieses Motivbegriffs ist, an Max Weber anschließend, C. Wright Mills, Situated Actions and Vocabularies of Motive, American Sociological Review 5 (1940), S. 904-913. Vgl. auch ders., Language, Logic, and Culture, American Sociological Review 4 (1939), S. 670-680. Ferner ausführlich Kenneth Burke, A Grammar of Motives (1945), und A Rhetoric of Motives (1950), zit. nach der einbändigen Ausgabe Cleveland 1962, und, stärker auf Zurechnungsregeln abstellend, Alan F. Blum/Peter McHugh, The Social Ascription of Motives, American Sociological Review 36 (1971), S. 98-109.

zugleich, am Ausnahmefall, seine Individualität bestätigt.

Die Werbung setzt das Individuum als ein seinen Nutzen kalkulierendes Wesen voraus. Sie geht dabei von einem alle Individuen beschreibenden einheitlichen Motivmuster aus, das sich seit dem 17. Jahrhundert in Theorien der politischen Ökonomie und dann der modernen Geldwirtschaft bewährt hat. Diese Theorien müssen abstrahieren, da sie zur Erklärung der Wirtschaft Motivkonzepte benötigen, die Individuen in sehr verschiedenen Stellungen zur Transaktion beschreiben können – sowohl als jemand, der seine Wünsche direkt erfüllt, wie auch als jemand, der nur Geld erhält; und sowohl als jemand, der kauft, wie auch als jemand, der nicht kauft und sein Geld behält oder lieber anders ausgibt. Die angenommene Motivlage schmeichelt trotz ihrer Uniformität dem Individuum, da sie es Herrn seiner eigenen Entschlüsse, als Diener nur seines Eigeninteresses beschreibt.

Ganz anders die Unterhaltung. Hier wird das Medium der narrativen Fiktionalität gewählt, um Motivlagen zu individualisieren. Hier erscheinen Individuen mit Biographie, mit Problemen, mit selbsterzeugten Lebenslagen und Lebenslügen, mit einem (für einen Beobachter verständlichen) Bedarf für Verdrängung, für Unbewußtheit, für Latenz. Das Medium der Fiktionalität hat den Vorzug, Konkretisierungen vollziehen oder zumindest andeuten zu können, es zugleich aber dem Leser oder Zuschauer zu überlassen, ob er daraus Rückschlüsse auf sich selbst oder ihm bekannte Personen ziehen will – oder nicht. Die historischen Vorlagen dafür beginnen bereits im frühmodernen Theater, dann im modernen Roman und in der Verbürgerlichung der Erzählkultur, und sie münden, am Ende dieser Traditionen, ein in die Metaerzählung der Psychoanalyse, in die Erzählung der „Ökonomie" (!) des Haushaltes psychischer Energie, die zwar nicht mit Schulden, wohl aber mit Verdrängungen und Störungen durch Unbewußtes zurechtkommen muß. Auf diesem Instrumentarium können die Massenmedien auf allen Niveaus der Trivialität und der Raffinesse „freibleibende" Angebote unterbreiten, aus denen das Individuum, wie aus den Angeboten der Werbung, das auswählen kann, was es psychisch benötigt und verkraften kann.

Noch deutlicher wird die Bedeutung personaler Individualisierung sichtbar, wenn man die Zeitverhältnisse der mit Spannung aufgeladenen Erzählungen beachtet. Einerseits werden die Personen, die in der Erzählung auftreten, nach und nach bekannt, sie haben Namen, sie handeln, man erfährt etwas über ihre Vergangenheit. Sie individualisieren sich durch ihre eigene Geschichte. Andererseits weiß man trotzdem nicht, wie sie handeln werden, besonders in noch unbekannten Situationen und unter einer noch unbekannten Provokation durch das Handeln anderer. In Personen trifft also eine bekannte oder doch kennbare, jedenfalls unabänderliche Vergangenheit zusammen mit einer unbekannten Zukunft. Personen symbolisieren die Einheit des Schemas bekannt/unbekannt, interpretiert durch die Zeitdifferenz von Vergangenheit und Zukunft. Sie absorbieren damit gleichsam die Aufmerksamkeit für Zeit, sie dienen als greifbare Symbole für Zeit. Sie integrieren in ihren Handlungen Vergangenheit und Zukunft, und sie müssen individuell sein, also unterscheidbar sein, damit sichtbar wird, daß dies auf sehr verschiedene Weise geschehen kann. *Aber damit bleibt eine andere Seite dieser*

Form der Beobachtung von Zeit unbeleuchtet, nämlich die, daß es vielleicht auch ganz andere Möglichkeiten der Trennung und Reintegration von Vergangenheit und Zukunft geben könnte, etwa durch Organisation. Weshalb sich in den unterschiedlichen Programmbereichen diese verschiedenen Formen, Individualmotive in Rechnung zu stellen, historisch entwickelt haben, ist damit noch nicht erklärt, aber eine Struktur ist zu erkennen. In allen Fällen geht es um „Interpenetration", nämlich um die Möglichkeit, innerhalb der gesellschaftlichen Kommunikation der Komplexität individueller Bewußtseinsbildung Rechnung zu tragen.[2] Und in allen Fällen nimmt die Lösung dieses Problems eine letztlich paradoxe Form an. Denn das an der Kommunikation beteiligte Individuum wird in der einen oder anderen Weise zugleich individualisiert und entindividualisiert, nämlich uniformisiert oder fiktionalisiert, so daß die Kommunikation fortfahren kann, auf Individuen Bezug zu nehmen, ohne die Operationen einbeziehen zu können, die jeweils bewirken, daß jedes Individuum für sich selbst als ein einmaliges, operativ geschlossenes System zustandekommt. Das differenzierte Angebot der Massenmedien ermöglicht es, die gesellschaftliche Kommunikation mit einem fortlaufenden Bezug auf Individuen auszustatten, ohne dabei auf die Spezifik anderer Funktionssysteme Rücksicht nehmen zu müssen. Die Medien brauchen weder die Personalisierungen der Familiensysteme noch die Anonymisierungen des Wirtschaftssystems zu überbieten. Es genügen Standardisierungen, die so gewählt sind, daß sie es dem teilnehmenden Individuum

---

[2] Zu „Interpenetration" in diesem Sinne ausführlicher Niklas Luhmann, Soziale Systeme: Grundriß einer allgemeinen Theorie, Frankfurt 1984, S. 289 ff.

ermöglichen, den Sinn seiner Teilnahme selbst zu bestimmen und auszuwählen – oder abzuschalten.

In allen Programmbereichen der Massenmedien ist mithin „der Mensch" impliziert – aber natürlich nicht als reale Reproduktion seiner biochemischen, immunologischen, neurobiologischen und bewußtseinsmäßigen Prozesse, sondern nur als soziales Konstrukt. Das Konstrukt des „kognitiv mehr oder weniger informierten, entscheidungskompetenten, moralisch verantwortlichen Menschen" dient dem Funktionssystem der Massenmedien dazu, sich selbst im Blick auf seine biologische und psychische Menschenumwelt ständig zu irritieren.[3] Wie in anderen Funktionssystemen auch bleibt diese Umwelt operativ unerreichbar, sie kann nicht stückweise eingegliedert werden, und muß eben deshalb ständig „gelesen" werden. Die auf die angegebene Weise ständig reproduzierte „Charakterisierung"[4] von Menschen

---

[3] Siehe für den „homo oeconomicus" des Wirtschaftssystems und den „homo iuridicus" des Rechtssystems Michael Hutter/Gunther Teubner, Der Gesellschaft fette Beute: *homo juridicus* und *homo oeconomicus* als kommunikationserhaltende Fiktionen, in: Peter Fuchs/Andreas Göbel (Hrsg.), Der Mensch – das Medium der Gesellschaft?, Frankfurt 1994, S. 110-145. Dasselbe gilt übrigens auch für den sogenannten „methodologischen Individualismus" und das Konzept des „rational choice" in den Sozialwissenschaften. Auch hier wird die Individualität von Einzelmenschen nicht konkret berücksichtigt, sondern nur insoweit, als dies zur Konstruktion von nach methodologischen Kriterien funktionierenden Erklärungen erforderlich ist.

[4] Die Mode der „portraits" oder der „caractères" des 17./18. Jahrhunderts, die Diderot ironisch kommentiert, war ihrerseits ein Produkt des Buchdrucks *und deshalb nicht ganz ernst zu nehmen*. Siehe Denis Diderot, Satire I, sur les Caractères et les Mots de Caractères, de Professions, etc. ..., zit. nach Œuvres, Paris 1951 (éd. de la Pléiade), S. 1217-1229.

bezeichnet auf der Innenseite der Systemgrenzen der Massenmedien die Punkte, an denen strukturelle Kopplungen mit der Menschenumwelt wirksam werden. Das milliardenfache Feuern psychischer Ereignisse wird so in eine Form gebracht, die systemintern weiterverwendet werden kann und in der Sequenz von Unterschieden, die sich daraus ergeben, dann wiederum psychisch lesbar ist. Wie immer bei strukturellen Kopplungen sind diese Beziehungen viel zu komplex für eine Darstellung in der Begrifflichkeit der linearen Kausalität oder der Repräsentation. Sie sind gleichwohl weder willkürlich entstanden noch beliebig modifizierbar. Die Co-evolution sozialer und psychischer Systeme hat Formen gefunden, die auf beiden Seiten hochkomplexe, eigendynamische Systeme reproduzieren und sich für weitere Evolution offen halten.

Im System der Massenmedien reproduziert diese Konstruktion des Menschen den Mythos des Dienstes am Menschen. Dieser Mensch ist „interessiert" an Information, ja in lebenswichtigen Dingen abhängig von Information; also muß er informiert werden. Er ist moralisch anfällig für Versuchungen; also muß ihm der Unterschied von gutem und schlechtem Verhalten laufend nahegebracht werden. Er treibt steuerlos im Strom der Verhältnisse; also müssen ihm Entscheidungsmöglichkeiten vorgestellt werden – mit dem Stichwort eines Medienkonzerns: „geistige Orientierung". Diese Sinngebungen sind mit der Ergänzung der Printmedien durch Bildmedien keineswegs obsolet geworden. Sie dienen mehr und mehr aber auch der ausfüllenden Interpretation von bekannten Gesichtern (oft auch Körpern und Bewegungen) und Namen. Das mag, aber empirisch wissen wir darüber zu wenig, zu einer Vereinfachung und einer gleichzeitigen Subtilisierung der verwendeten Konstrukte führen.

Es wäre ein arges Mißverständnis, wollte man diese „konstruktivistische" Darstellung des System/Umwelt-Problems als pure Selbstillusionierung der Massenmedien auffassen. Das würde ja voraussetzen, daß es jenseits der Illusion noch eine Realität gibt, auf die man durchgreifen könnte. Aber es ist auch keine Darstellung, der man aufs Wort glauben könnte. Eher ist es ein erfolgreicher Versuch, Selbstreferenz und Fremdreferenz unter sehr strengen systemspezifischen Bedingungen in Einklang zu halten.

Kapitel 11
Die Konstruktion der Realität

Wir kehren nunmehr zum Leitproblem dieser Abhandlung, zur Frage der Konstruktion der Realität der modernen Welt und ihres Gesellschaftssystems zurück. Im Alltag setzt man normalerweise voraus, daß die Welt so ist, wie sie ist, und daß Meinungsverschiedenheiten ein Resultat verschiedener „subjektiver" Perspektiven, Erfahrungen, Erinnerungen seien.[1] Die neuzeitliche, posttheologische Wissenschaft hat diese Annahme noch verstärkt und hat versucht, sie methodologisch abzusichern. Während die Naturwissenschaften dieses Jahrhunderts sie bereits in Frage gestellt haben, scheinen die Sozialwissenschaften, auch wo sie von „Chaostheorie" und Ähnlichem reden, methodologisch immer noch auf der Suche nach „der" Realität zu sein und nur einen historischen, ethnischen oder kulturell bedingten Relativismus zuzulassen.[2] Damit überhaupt geforscht wer-

---

[1] Daß so *argumentiert* wird und daß Alltagswelt, Lebenswelt, folklore etc. als wissenschaftliche Begriffe vorgeschlagen werden, findet man dagegen erst seit der Mitte des vorigen Jahrhunderts, also zeitgleich mit dem Zusammenbruch metaphysischer Weltkonstruktionen und der Suche nach anderen Grundlagen für eine Beobachtung von „Realität".

[2] Siehe dazu Debra E. Meyerson, Acknowledging and Uncovering Ambiguities in Cultures, in: Peter J. Frost et al. (Hrsg.), Reframing Organizational Culture, Newbury Park Cal. 1991, S. 254-270.

den kann, müsse doch irgend ein „Gegenstand" angenommen werden, so läuft das Argument, auf den die Forschung sich beziehe; denn sonst rede man ständig über vieles und immer anderes zugleich. Aber genügt es nicht, um diesen Einwand zu beschwichtigen, anzunehmen, das System habe ein Gedächtnis?

Dann aber kann es nicht nur das Wissenschaftssystem sein, das für die Gesellschaft das Zustandekommen von Realität garantiert. Eher müßte man an die Weltkenntnis denken, die das System der Massenmedien produziert und reproduziert. Die Frage lautet nun: Welche Realitätsbeschreibung erzeugen Massenmedien, wenn man davon auszugehen hat, daß sie in allen drei Programmbereichen aktiv sind? Und wenn man darüber ein Urteil gewinnen könnte, hätte man sofort die nächste Frage: Welche Gesellschaft entsteht, wenn sie sich laufend und dauerhaft auf diese Weise über sich selbst informiert?

Fragt man nach Gemeinsamkeiten der Selektionsweise, stößt man zunächst auf die verbreitete Annahme einer wertmäßigen oder normativen Vorwegauswahl. Darin hatte zum Beispiel Talcott Parsons die Bedingung der Möglichkeit von Handlungen und Handlungssystemen gesehen. Diese Möglichkeit soll natürlich nicht ausgeschlossen werden, aber sie erklärt zu wenig; sie würde zu grob wirken, zu leicht erkennbar sein und sehr rasch entgegengesetzte Kriterien provozieren. Es gibt denn auch andere Formen der Selektion, die verdeckter wirken und zugleich unvermeidbar sind. Das gilt für Kategorisierungen jeder Art, also für die Darstellung konkreter Sachverhalte in allgemeinen Begriffen, und es gilt für Kausalattribution, also für die Mitdarstellung von Ursachen und/oder von Wirkungen der jeweils behandelten Phänomene. So wie Sinn immer nur im Kontext von Generalisierungen kommunizierbar ist, die natürlich von relativ konkret zu relativ allgemein variieren können, so ist auch Kausalität nur darstellbar, indem bestimmte Ursachen bzw. bestimmte Wirkungen herausgegriffen werden. Bei Kausalattribution geht es keineswegs nur um ungesicherte Annahmen im Vergleich zu anderen, auch möglichen Erklärungen; sondern die Selektion schaltet zwangsläufig auch Ursachen der Ursachen und Wirkungen der Wirkungen aus.[3] Die Beleuchtungseinstellung kann auf Grund von ideologischen oder normativen Vorurteilen variiert werden; aber sie ist auch bei strenger Bemühung um Neutralität angesichts bekannter Wertkonflikte unvermeidlich. Meinungskonflikte, die in den Massenmedien ausgetragen werden, operieren daher vielfach mit unterschiedlichen Kausalattributionen und geben sich dadurch den Anschein eines kompakten, nicht mehr auflösbaren Faktenbezugs. Ebenso erzeugen aber auch umgekehrt (und dies ist vielleicht der häufigere Fall) verkürzende Kausalattributionen Wertungen, Emotionen, Appelle, Proteste. Beides gilt für Nachrichten und Berichte, aber ebenfalls für die Inszenierung von Erzählungen und für eine Werbung, die im Kausalbereich (wenn dieser überhaupt thematisiert wird) nur das erwähnt, was für sie spricht.

Allgemein ließe sich festhalten, und das gilt für Interaktion unter Anwesenden ebenso wie für die Kommunikation der Massenmedien, daß die Ökonomie und das Tempo der Kommunikation immer einen Bezug auf Sinnkomplexe (auf „Gestalten" im Sinne der Gestaltpsychologie) erfordern und daß die Kommunikation den Sinn, den sie verstehen läßt, daher nie wieder einholen

---

3 Vgl. Niklas Luhmann, Das Risiko der Kausalität, Ms. 1995.

kann, so daß im Regelfalle auch nicht auseinanderdividiert werden kann, was daran à conto Information und was à conto Mitteilung geht. Und das heißt schließlich, daß der Verdacht von Vorurteilen oder Manipulation zwar ständig reproduziert wird, aber nie in der Kommunikation durch eine entsprechende Unterscheidung wirklich aufgelöst werden kann.

Alle genaueren Analysen und vor allem empirische Untersuchungen werden wohl von dem Bereich ausgehen müssen, der am direktesten der Abbildung von Realität dient und auch so deklariert und so wahrgenommen wird: dem Nachrichten- und Berichtswesen. Hier sind die oben genannten Selektoren wirksam, vor allem solche, die auf Diskontinuität und Konflikt abstellen. Wenn wir solche Selektoren als Zwei-Seiten-Formen begreifen, wird erkennbar, daß die andere Seite, daß ihr Antonym unbeleuchtet bleibt. In der Darstellung der Gesellschaft erscheinen dann vor allem die Brüche – sei es auf der Zeitachse, sei es im Sozialen. Konformität und Einvernehmen, Wiederholung immer derselben Erfahrungen und Konstanz der Rahmenbedingungen bleiben entsprechend unterbelichtet. Unruhe wird gegenüber Ruhe aus Gründen des professionellen Könnens der Mediengestalter bevorzugt. Daß überhaupt diese Achse für die Selbstbeschreibung der Gesellschaft gewählt wird und nicht irgendeine andere, ist bedenkenswert, und wenn sie gewählt wird, ist kaum eine andere Option möglich als für die Seite, „where the action is". Mit dieser Art Selbstbeobachtung reizt die Gesellschaft sich selbst zu ständiger Innovation. Sie erzeugt „Probleme", die „Lösungen" erfordern, die „Probleme" erzeugen, die „Lösungen" erfordern. Sie reproduziert eben damit zugleich Themen, die die Massenmedien aufgreifen und in Informationen transformieren könne.

Diese Einseitigkeit kann *noch durch die Massenmedien selbst* kompensiert werden, und zwar über die *Präferenz für moralische Wertungen*. Bezogen auf US-amerikanische Verhältnisse hat man das Resultat dieser Fernsozialisation als „moral intelligence" bezeichnet. Das schließt die Aufforderung ein, sich gegen die Verhältnisse zu wehren, Schwierigkeiten standzuhalten und notfalls Regeln zu brechen.[4] Aber es muß letztlich erkennbar bleiben, wer die Guten und wer die Bösen sind. Das, was als Realität nicht ausreichend zur Geltung kommt, wird als Moral angeboten, wird gefordert. Konsens ist danach besser als Dissens, Konflikte sollte man schlichten können (da es ohnehin nur um Werte geht), und der primär an Quantitäten orientierte Realitätsbezug (möglichst mehr, und nicht weniger, vom Guten) sollte durch die „Sinnfrage" neutralisiert werden. Es sieht dann so aus, als ob es im Wesen der Moral läge, für Frieden, für Ausgleich, für Solidarität, für Sinn zu optieren. Das ist jedoch, historisch und empirisch gesehen, keineswegs der Fall. Es gibt keinerlei in der Moral selbst liegenden Gründe, nicht auch Kampf gegen Feinde, in-group und out-group Unterscheidungen, Dissens im Verhältnis zu andersartigen Auffassungen moralisch zu prämiieren.[5]

---

4 „to cut corners to catch the criminals", wie Jonathan Culler, Framing the Signs: Criticism and its Institutions, Oxford 1988, S. 50 das formuliert – mit Oliver North in der Iran-Contra Affaire als Beispiel.

5 Eine gute Untersuchung über die noch tribal bestimmten Moraleinstellungen des damaligen Jugoslawien, die nur durch die über Massenmedien verbreitete, offizielle marxistisch-titoistische Ideologie überdeckt wird, ist die Bielefelder Dissertation von Dusan Vrban, Culture Change and Symbolic Legi-

Auch hier scheinen die Massenmedien die Art zu bestimmen, wie die Welt gelesen wird, und die moralischen Perspektiven dieser Beschreibung zuzuordnen. Die mit Vermißtheitsakzenten versehene Betonung von Konsens, Solidarität, Werten, Sinnsuche entsteht erst in der zweiten Hälfte des 19. Jahrhunderts, in einer Zeit der Massenpresse und der Vollinklusion der Unterschichten in die Literalität, als eine Art Pasteurisierung der Gesamtgesellschaft – oder dessen, was man dafür hält.

Man könnte vermuten, daß dies penetrante Insistieren auf Moral im Zusammenhang steht mit der Codierung Information/Nichtinformation oder mit der einseitigen Präsentation von Formen, deren andere Seite, obwohl vorausgesetzt, nicht mitdargestellt wird; also mit dem Verschweigen der unaufgeregten Normalität; also mit der Paradoxie des im Sinn eingeschlossenen, aber als ausgeschlossen eingeschlossenen Anderen. Moral ist ja im normalen Umgang gar nicht nötig, sie ist immer ein Symptom für das Auftreten von Pathologien. Statt sich an Selbstverständlichkeiten zu orientieren, wählt die Kommunikation die Form der Moral als etwas, was zugleich Tatsache und Nichttatsache ist; als etwas, das ständig angemahnt werden muß; als etwas, das fehlt, und eben deshalb nicht nach innen oder außen zugeordnet werden kann. Ist der Übergang, ist die Ablenkung auf Moral einmal geschafft, läuft es wie von selbst, wie auf Rollen, manchmal zu schnell. Moral dient dann als eine Art Supplement zur Selektivität, das kom-

---

timation: Functions and Traditional Meaning of Symbols in the Transformation of Yugoslav Ideology, Ms. 1985. Es war seinerzeit nicht möglich, dafür einen Verleger zu finden.

pensatorisch im Sinne Odo Marquards, also „statt dessen" angeboten wird.[6] Das könnte erklären, daß die Moral und selbst ihre Reflexionsform, die Ethik, heute einen altgewordenen, zerfurchten Eindruck macht und sich offensichtlich nur noch für pathologische Fälle interessiert. Entsprechend summieren sich Einzelfälle unter Stichworten wie „Korruption", und man kann nur bestätigen, was Jean Paul schon vor langem vermutet hatte: „Noch immer können Engel fallen und die Teufel sich vermehren".[7] Die Moral bedarf des deutlich Skandalösen, um sich am Fall zu verjüngen; sie bedarf der Massenmedien und speziell des Fernsehens.

Auch wenn dies eine Balance ist, die sich in sich selber austariert, liegt ein hochselektives Schema zugrunde. Die Realität wird in einer Weise beschrieben, und dies durchaus im Modus recherchierter Wahrheit, die als ausgleichsbedürftig empfunden wird. Der kontinuierlichen Reproduktion des „ist" wird entgegengesetzt, wie es „eigentlich sein sollte". Der institutionell vorgesehene Parteiengegensatz, der das politische System befähigt, Regierung und Opposition auszuwechseln, wird in den Tagesnachrichten so stark repräsentiert, daß die kontinuierlichen Werte des Verantwortungsbereichs der Politik als defizitär erscheinen und angemahnt werden müssen. Die „politische Klasse" (wie man neuerdings abwertend sagt) versagt vor den großen Aufgaben der Zeit. Die Jagd nach dem Mehr an Geld, an Karrierewerten, an Reputation, an Einschaltquoten, an hochwerti-

---

6 Siehe mehrere Beiträge in: Odo Marquard, Aesthetica und Anaesthetica: Philosophische Überlegungen, Paderborn 1989.
7 So in: Traum eines bösen Geistes vor seinem Abfalle, zit. nach: Jean Pauls Werke: Auswahl in zwei Bänden, Stuttgart 1924, Bd. 2, S. 269-273 (269).

gen Ausbildungen erscheint als so dominant, daß, wie in der Evolution, der rezessive Faktor „Sinn des Lebens" über Moral wiedereingespielt werden muß. Aber man kann Realitätsdefizite, auch imaginäre, nicht im Normativen ausgleichen. Wenn ein Thema moralisiert wird, gewinnt man den Eindruck, daß das Thema dies nötig hat, *weil die reale Realität anders ist*.

Die über das Nachrichten- und Berichtswesen laufende Gesellschaftsbeschreibung ist aber nicht die einzige, die wirksam wird. Sowohl Werbung als auch Unterhaltung wirken mit, und zwar vermittelt über individuelle Einstellungen und Kommunikationsbereitschaften, also auf sehr indirekte Weise. Werbung streut ihre Kommunikation zwangsläufig über so viele Gegenstände und so viele Empfänger, daß jeder den Eindruck gewinnen muß, daß es Schöneres und Besseres gibt, als er für sich selbst realisieren kann. Die Begrenzungen des Erreichbaren werden dann nicht mehr als von Gott verordnete Notdurft und Prüfung erfahren, und sie werden auch nicht durch feste, ständische Grenzen geregelt, die einen Rahmen vorgeben, der einschränkt, mit wem und worin man sich selbst sinnvoll vergleichen kann. Die religiöse und die stratifikatorische Regulierung der Imitationskonflikte im Sinne Girards entfallen.[8] Statt dessen werden Einschränkungen als Folge des Mangels an Kaufkraft erlebt. Das mag zunächst ein Eindruck sein, der individuelle Bewußtseinssysteme irritiert und in diesen Bewußtseinssystemen auf höchst verschiedene, jeweils systemisch bedingte Weisen verarbeitet wird. Da es aber um massive und standardisierte Einwirkungen geht,

---

8 Vgl. René Girard, Des choses cachées depuis la fondation du monde, Paris 1978.

kann man annehmen, daß auch die Plausibilitätsbedingungen der sozialen Kommunikation dadurch beeinflußt werden. Ohnehin müssen ja Individuen, um sich auf Kommunikation einlassen zu können, einander Ähnlichkeiten der Erfahrungen trotz voll individualisierter, idiosynkratischer Operationsweise ihrer Bewußtseinssysteme unterstellen. Die weltweite Auflösung der agrarisch-handwerklichen Familienökonomien und die zunehmende Geldabhängigkeit jeder Bedürfnisbefriedigung bietet dafür einen Erfahrungshintergrund, der das Vorstellungsangebot der Medien leicht aufnimmt. Die Gesellschaft erscheint dann als eine Ordnung, in der Geld massenhaft vorhanden ist – und jedem fehlt. Was liegt dann näher als auf ungerechte Verteilung zu schließen?[9] Und dann sind Erklärungen dafür gefragt und Vorschläge, wie man das ändern könnte.

Auch die Unterhaltung durch Massenmedien dürfte sich auf diese indirekte Weise auf das auswirken, was als Realität konstruiert wird. Lange Zeit, jedenfalls im 17. und 18. Jahrhundert, hatte man das Romanlesen als

---

9 In der soziologisch-sozialpsychologischen Gerechtigkeitsforschung, die ebenfalls unter diesem Eindruck mitzuleiden scheint, steht denn auch dieses Verteilungsproblem im Vordergrund und weder das alte „suum cuique", das eine ständische Differenzierung voraussetzt, noch die Regel, daß gleiche Fälle gleich und ungleiche ungleich entschieden werden sollten, die sich auf das Rechtssystem bezieht. Zur sozialwissenschaftlichen Gerechtigkeitsforschung siehe etwa Elaine Walster/G. William Walster/Ellen Berscheid, Equity: Theory and Research, Boston 1978; Michael Walzer, Spheres of Justice: A Defence of Pluralism and Equality, Oxford 1983; Volker H. Schmidt, Lokale Gerechtigkeit – Perspektiven soziologischer Gerechtigkeitsanalyse, Zeitschrift für Soziologie 21 (1992), S. 3-15; Bernd Wegener, Gerechtigkeitsforschung und Legitimationsnormen, Zeitschrift für Soziologie 21 (1992), S. 269-283.

Ablenkung, als Zerstreuung behandelt und dessen Gefahr nur darin gesehen, daß es für tätiges Leben untauglich mache.[10] Prototyp Don Quijote und immer wieder: die durch Romanlektüre gefährdeten Frauen.[11] Schon in der Kritik der Romanlektüre war es ein gängiger Topos gewesen, daß die Trennung von realer Realität und fiktionaler Realität nicht durchgehalten würde; aber genau dieser Punkt wurde im Roman wieder reflektiert und einem authentischen Weltbezug gegenübergestellt – so als ob man nicht genau damit Gefahr liefe, dem Leser durch Lektüre nahezulegen, er solle sich bemühen, authentisch zu sein.[12]

---

10 „Das Romanlesen hat, außer manchen anderen Verstimmungen des Gemütes, auch dieses zur Folge, daß es die Zerstreuung habituell macht", meinte noch Immanuel Kant, Anthropologie in pragmatischer Hinsicht § 45. Diese Zerstreuung tritt nach Kant trotz der Systematik der Darstellung, also trotz ihrer inneren Plausibilität dadurch ein, daß der Leser bei der Lektüre „abschweifen" kann – und dies vermutlich in Richtungen, die ihm Rückschlüsse auf die eigene Lebenssituation erlauben.

11 Vgl., zur Vorsicht ratend, Jacques du Bosq, L'honneste femme, Neuauflage Rouen 1639, S. 17 ff. oder kritischer Pierre Daniel Huet, Traité de l'origine des romans, Paris 1670. Diese Stellungnahmen beziehen sich allerdings auf eine Literaturgattung, die damals „romance" hieß und die sich von dem, was wir seit dem 18. Jahrhundert als Roman kennen, erheblich unterscheidet – nicht zuletzt durch Idealisierung der Helden und der Situationen unter den Bedingungen des „decorum" und der „vraisemblance". Der moderne Roman wird dann viel stärker, aber auch indirekter, verführerisch wirken.

12 Dies wird oft mit negativen Konnotationen dargestellt als ein Leben aus zweiter Hand, ein Wissen auf Grund von Sekundärerfahrungen. Im übrigen ein altes Thema. Siehe z.B. Walter Lippmann, Public Opinion, New York 1922. Hinzu kommt die Ununterscheidbarkeit von eigenen und nur angeeigneten Erfahrungen. Aber da man sich ohnehin ein Wissen ohne Kom-

Mit Film und Fernsehen haben sich diese Probleme verschärft, und auch der zeitdiagnostische Roman (im Unterschied zu den Experimenten der Avantgarde) scheint darauf abzuzielen, dem Leser Erfahrungen als eigene zu suggerieren. Wer sich dem aussetzt, kann dann so kommunizieren, als ob er es selber wüßte. Die Differenz von Innenseite und Außenseite der Fiktion, die Differenz von Erzähltem oder Filmgeschichte auf der einen und Autor, Publikationsmaschinerie und Empfänger auf der anderen Seite wird durch ständiges Kreuzen der Grenze unterlaufen. Die eine Seite wird in die andere hineinkopiert, und daraus werden Kommunikationschancen gewonnen, deren Grundlage in der gemeinsamen Artifizialität der Erfahrungen besteht. Es kommt zu unentwirrbaren Durchmischungen realer Realität und fiktionaler Realität[13], die aber als Unterhaltung reflektiert, als Episode erfahren werden und folgenlos bleiben. Je mehr dabei „Wahrgenommenes", also Fernsehen, eine Rolle spielt, desto mehr beruht die Kommunikation auch auf implizitem Wissen, das gar nicht kommuniziert werden kann. Während die Aufklärung noch annahm, daß die Gemeinsamkeit in einem kommunikablen Vernunftinteresse bestehe, und die Transzendentaltheorie sogar unterstellte, daß Selbstrefe-

---

    munikationsteilnahme nicht vorstellen kann, bedarf dieses Werturteil selbst der Analyse. Wieso beobachtet man die Effekte der Massenmedien mit gerade dieser Unterscheidung von nichtauthentisch/authentisch, ohne zu sehen, daß der Wunsch, authentisch aus sich selbst heraus zu erleben, seinerseits ein durch diese Unterscheidung suggerierter Wunsch ist?
13 So eine heute weit verbreitete Auffassung. Siehe nur Jean Baudrillard, Die Agonie des Realen, Berlin 1983 oder Martin Kubaczek, Zur Entwicklung der Imaginationsmaschinen: Der Text als virtuelle Realität, Faultline 1 (1992), S. 83-102.

renz zu einem allgemeinen Apriori der Subjektheit generalisierbar sei[14], scheint sich die Kommunikation heute durch ein subjektiv nicht mehr kontrollierbares Anschauungswissen tragen zu lassen, dessen Gemeinsamkeit sich den Massenmedien verdankt und durch deren Moden mitgezogen wird. Es kann dann geradezu zum Programmgesichtspunkt der Unterhaltungsindustrie werden, die (knappe) Aufmerksamkeit von Teilnehmern dadurch zu gewinnen und wachzuhalten, daß ihnen Rückschlüsse auf ihr eigenes Leben, man könnte sagen „Ja so ist es"-Erlebnisse, angeboten werden. Der Individualität des Eigenbewußtseins Einzelner wird man sich dann über Programmdiversifikation anzunähern versuchen.

Daß Massenmedien jene drei Programmbereiche Nachrichten/Berichte, Werbung und Unterhaltung mit sehr verschiedenen Arten der Realitätskonstruktion gleichzeitig realisieren, macht es schwierig, einen Gesamteffekt zu erkennen und auf das System der Massenmedien zurückzuführen. Der vielleicht wichtigste, durchgehende Grundzug ist, daß die Massenmedien im Prozeß der Erarbeitung von Informationen zugleich einen Horizont selbsterzeugter Ungewißheit aufspannen, der durch weitere und immer weitere Informationen bedient werden muß. Massenmedien steigern die Irritierbarkeit der Gesellschaft und dadurch ihre Fähigkeit, Informationen zu erarbeiten.[15] Oder genauer: Sie steigern

---

14 Dies übrigens ein klares Paradox, das zu Kants Zeiten aber verdeckt werden konnte: Der *Begriff* der *Selbst*referenz widerspricht der Generalisierbarkeit in der Perspektive des selbstreferentiellen Systems – nicht natürlich: als Thema eines externen Beobachters.
15 Zum Vergleich: in schriftlosen tribalen Gesellschaften scheint

die Komplexität der Sinnzusammenhänge, in denen die Gesellschaft sich der Irritation durch selbstproduzierte Differenzen aussetzt. Irritierbarkeit wird ja durch Erwartungshorizonte erzeugt, die entweder Normalitätserwartungen bereitstellen, die aber im Einzelfall durch Zufälle, Vorfälle, Unfälle durchbrochen werden können; oder durch Unbestimmtheitsstellen[16], die als laufend ausfüllungsbedürftig reproduziert werden. In beiden Fällen geht es um Autopoiesis – um Reproduktion von Kommunikation aus Resultaten der Kommunikation.

Es gibt für diese (wie für jede) Autopoiesis weder ein Ziel noch ein natürliches Ende. Vielmehr sind informative Kommunikationen autopoietische Elemente, die der Reproduktion eben solcher Elemente dienen. Mit jeder Operation wird Diskontinuität, Überraschung, angenehme oder unangenehme Enttäuschung reproduziert; und die Strukturen, die in diesem Prozeß reproduziert werden und ihn an Bekanntes und Wiederholbares binden (anders wären Informationen nicht als Unterschiede zu erkennen), dienen zugleich seiner Reproduktion und sind in ihren Sinngehalten darauf eingestellt. So wird Zeit zur dominierenden Sinndimension und in dieser Dimension die Unterscheidung von Zukunft und Vergangenheit diejenige Unterscheidung, die im Ausgang

---

Kommunikation primär dem laufenden Solidaritätstest zu dienen, also Zugehörigkeit, guten Willen, Friedfertigkeit zu dokumentieren. Der Schwerpunkt liegt in der Selbstcharakterisierung des Mitteilenden (und dies gerade deshalb, weil dies nicht Mitteilungsinhalt, nicht „Text" wird). Wer schweigt, macht sich verdächtig, macht einen gefährlichen Eindruck – so als ob er Böses im Sinn habe, über das er nicht reden könne. Siehe auch Text und Literaturhinweise Kap. 3 bei Anm. 9.
16 Ein Ausdruck von Roman Ingarden, Das literarische Kunstwerk (1931), 4. Aufl. Tübingen 1972, S. 261 ff.

von der vorher/nachher-Unterscheidung Zeit definiert. Was Vergangenheit und Zukunft verbindet, ist dann nur noch eine artifiziell eingerichtete Chronometrie – und nichts mehr, was von seinem Naturwesen her notwendig oder unmöglich wäre. Die Gegenwart, das Differential der beiden Zeithorizonte, das selbst weder Zukunft noch Vergangenheit ist, wird der Ort, an dem Informationen sich festlegen und Entscheidungen zu treffen sind. Aber die Gegenwart ist in sich selbst nur dieser Umbruchpunkt oder nur die Position des Beobachters, der Zukunft und Vergangenheit unterscheidet. Sie kommt in der Zeit gar nicht vor. Sie übernimmt, könnte man vermuten, die Paradoxie einer Zeit, die keine Zeit ist, von dem, was vor der Moderne als Ewigkeit, als Omnipräsenz des alle Zeiten gleichzeitig beobachtenden Gottes gedacht war. Es kann daher nicht überraschen, daß diese Modalisierung der Zeit auf die Kommunikation selbst zurückwirkt, vor allem in der doppelgleisigen Form von Ängsten und Ansprüchen.

Man kann davon ausgehen, daß das, was Menschen von der Gesellschaft und damit von der Welt wissen, und erst recht das, was mit Aussicht auf Verstehen kommuniziert werden kann, auf diese Weise zustandekommt. Aber thematisch ist damit nicht viel festgelegt – außer vielleicht: daß jede Festlegung den Verdacht auf sich zieht, zu viel sagen zu wollen. Es würde nicht ausreichen, hier von einem universellen Ideologieverdacht zu sprechen[17], da auch alle wissenschaftlich gestützten Behauptungen, sobald sie sich als Seinsbehauptungen gerieren, demselben Verdacht unterliegen. Aber man

---

17 etwa im Sinne von Karl Mannheim, Ideologie und Utopie, 3. Aufl. Frankfurt 1952.

kann vielleicht von einer generellen Eingewöhnung des Modus der Beobachtung zweiter Ordnung sprechen. Man dechiffriert alles, was mitgeteilt wird, in Richtung auf den, der es mitteilt. Dabei verführt das Nachrichten- und Berichtswesen eher zum Motivverdacht (der aber zumeist keine bestimmbare Form annimmt), das Unterhaltungswesen dagegen eher zur Selbstbeobachtung im Modus zweiter Ordnung, zur Beobachtung des eigenen Beobachtens. Sowohl die Welt als auch die Individualität wird auch dann noch als konkrete Merkmalsgesamtheit wahrgenommen; aber immer so, daß man einen Beobachter hinzudenken muß, der sagt, daß es so ist.

Dabei geht es nicht mehr um die alte ontologische Dualität von Sein und Schein, die im Prinzip als ontologisch auflösbar gedacht war oder als Religion auf den verborgenen Gott verwies. Sondern es geht um ein Realitätsverständnis, das Realität als eine Zwei-Seiten-Form des „Was" und des „Wie" annimmt – des „was beobachtet wird" und des „wie es beobachtet wird". Und das entspricht genau der Beobachtung von Kommunikation im Hinblick auf eine Differenz von Information und Mitteilung. Nur wenn man diese Differenz zugrundelegt, kann man etwas verstehen; und zwar „Verstehen" im Sinne unendlicher Möglichkeiten weiterer Exploration auf der Seite der Information oder auf der Seite der Schemata (frames) und der Motive des Mitteilenden.

Natürlich soll nicht behauptet werden, daß jeder Teilnehmer an der Kommunikation durch Massenmedien reflektiert, daß er so erlebt. Aber es handelt sich auch nicht um ein Reservat für die „gebildeten Schichten". Jede empirische Untersuchung wird Grade der Verarbeitung dieser Doppelbödigkeit des Wissens feststellen, und die am einfachsten zugängliche Irritation mag die Form des Mißtrauens annehmen. Was immer die Psyche aus dieser Form der Irritation macht, mag ihre Sache bleiben; und es gehört mit in das Bild, daß hierfür keine Regel vorgegeben ist, die sich nicht sofort mit demselben Mißtrauen aufladen würde. Was einschränkend wirkt, können unter diesen Umständen nur die Bedingungen der Kommunikation sein. Nur weniges von dem, was im Bewußtsein abläuft, kann die Kommunikation irritieren. Das wird die noch möglichen Formen der Intimität bestimmen – jenes Sichalleingelassenfühlen unter genau den Bedingungen, die das Gegenteil in Aussicht stellen. Aber auch das wird in den Massenmedien tausendfach reflektiert[18], und somit selbst zu einem Wissen, das man der Lektüre und dem Film verdankt.

Die Realität der Massenmedien, das ist die Realität der Beobachtung zweiter Ordnung. Sie ersetzt die Wissensvorgaben, die in anderen Gesellschaftsformationen durch ausgezeichnete Beobachtungsplätze bereitgestellt wurden: durch die Weisen, die Priester, den Adel, die Stadt, durch Religion oder durch politisch-ethisch ausgezeichnete Lebensformen. Die Differenz ist so krass, daß man weder von Verfall noch von Fortschritt sprechen kann. Auch hier bleibt als Modus der Reflexion nur die Beobachtung zweiter Ordnung, nämlich die Beobachtung, daß eine Gesellschaft, die ihre Selbstbeobachtung dem Funktionssystem der Massenmedien über-

---

18 Siehe für viele den Roman von Peter Schneider, Paarungen, Berlin 1992 – focussiert auf den Erzählort Kneipe, der für die ständige Unterbrechung von Erzählungen sorgt, die von etwas erzählen wollen, das seinerseits unterbrochen wird, nämlich der Liebe.

läßt, sich auf eben diese Beobachtungsweise im Modus der Beobachtung von Beobachtern einläßt.

Das Ergebnis dieser Analysen läßt sich unter dem Begriff der *Kultur* zusammenfassen. Dieser Begriff faßt seit seiner Entstehung am Ende des 18. Jahrhunderts reflexive und vergleichende Komponenten zusammen. Kultur weiß und sagt von sich selbst bis in alle Einzelheiten hinein, daß sie Kultur ist. Sie bildet eigene historisch oder national vergleichende Unterscheidungen – zunächst mit Überlegenheitsgesten für die eigene Kultur im Vergleich zu anderen; heute eher mit offenem, lässigem Zugeständnis einer Vielheit von Kulturen. Auch und gerade wenn es diese Vielheit gibt, kann man ebensogut bei der eigenen bleiben. Die modische Option für cultural diversity legitimiert zugleich eine konservative Grundeinstellung zur eigenen Kultur und ein nur touristisches Verhältnis zu den anderen.

Kultur in genau diesem Sinne, Kultur im Sinne der Umformung von allem und jedem in ein Zeichen für Kultur, ist ein Produkt und zugleich das Alibi der Massenmedien. Man findet zwar vorwiegend die Gegenthese, daß die Massenmedien und, im Verbund mit ihnen, der Tourismus die authentische Kultur ruinieren. Aber das ist nur eine Inversion der Realität, eine bloße Schutzbehauptung oder auch eine Rhetorik, die zur (vergeblichen) Suche nach authentischen Erfahrungen auffordert und die Information durch Massenmedien um Tourismus, Museumsbesuche, ausländische Tanzgruppen und dergleichen ergänzt. Solche „Supplemente" führen aber ihrerseits nur in kulturbewußte, das heißt inszenierte Welten.[19] Die Markierung der Diffe-

---
19 für Tourismus siehe z.B. Dean MacCannell, The Tourist, New

renz zwischen dem, was man aus den Massenmedien kennt, und dem, was man an Ort und Stelle wirklich gesehen (und photographiert) hat, der Differenz also zwischen Teletourismus und Realtourismus ist selbst ein Produkt der Massenmedien, mit dem sie sich als Grund von Kultur unsichtbar machen. Der merkwürdige Ausdruck „sight seeing" wurde gleichzeitig mit der Photographie und der Rotationspresse eingeführt. Ohne Reproduktionen gäbe es keine Originale, ohne Massenmedien wäre Kultur nicht als Kultur erkennbar. Und daß diese reflexive, diese sich als Kultur wissende Kultur ihre Gegenbegrifflichkeit der „Echtheit", „Eigentlichkeit", „Spontaneität" etc. mitproduziert, bestätigt nur, daß es sich um ein universales, Selbstreferenz einschließendes Phänomen handelt.

Damit ist, dies sei noch angefügt, keineswegs behauptet, Kultur sei in der Form von Zeichen zur Ware geworden. Solche Thesen verwechseln Systemreferenzen. Daß bezahlt werden muß für Zeitungen und Filmbesuch, für Tourismus und für den Besuch von Sehenswürdigkeiten versteht sich von selbst[20]; aber in dieser Hinsicht bleibt dieser Operationsbereich ein Markt, ein Teil des Wirtschaftssystems. Als solcher unterscheidet er sich von anderen Märkten, anderen Dienstleistungen, anderen Produkten. Zur Kultur werden entsprechende

---

York 1976. Vgl. auch ders., Staged Authenticity: Arrangement of Social Space in Tourist Settings, American Journal of Sociology 79 (1973), S. 589-603.

20 Als ich bei einem Besuch der Wallfahrtskirche von Rocamadour an einer zweiten Pforte zum zweiten Male Eintritt bezahlen mußte, erklärte mir der Pförtner, der mein Erstaunen bemerkte: Hier gibt es schon seit Jahrhunderten nichts mehr umsonst!

Erlebnisse und Kommunikationen nur dadurch, daß sie als Zeichen für Kultur angeboten werden, und eben dies geht auf die Institutionalisierung der Beobachtung zweiter Ordnung im System der Massenmedien zurück.

Mit ihrem laufenden Fortschreiben von Realitätskonstruktionen untergraben die Massenmedien das immer noch herrschende Verständnis von Freiheit. Freiheit wird immer noch wie im Naturrecht als Abwesenheit von Zwang begriffen. Sowohl die liberalistischen als auch die sozialistischen Ideologien haben diesen Freiheitsbegriff benutzt und lediglich über die Quellen des Zwangs – Rechtsstaat oder kapitalistische Gesellschaft – gestritten. Die gesellschaftliche „Unschuld" der Massenmedien, ihre Harmlosigkeit beruht darauf, daß sie niemanden zwingen. Das gilt für alle ihre Programmbereiche, vor allem auch für die Werbung. Tatsächlich beruht Freiheit jedoch auf den kognitiven Bedingungen der Beobachtung und Beschreibung von Alternativen mit offener, entscheidbarer, aber eben deshalb auch unbekannter Zukunft. In den an sich determinierten Weltlauf (was nur besagt: er ist so, wie er ist) wird Offenheit für andere Möglichkeiten hineinkonstruiert. Psychische und soziale Systeme befähigen sich selbst zur Wahl. Aber das setzt ein rekursiv stabilisiertes Netzwerk von Redundanzen, also Gedächtnis voraus. Man weiß, daß man nur mit Flugzeugen fliegen kann, und nicht zum Beispiel mit einem Zauberteppich. Die von den Massenmedien angebotenen Realitätskonstruktionen haben deshalb durchgreifende Auswirkungen auf das, was in der Gesellschaft als Freiheit beobachtet werden kann und damit vor allem auf die Frage, wie Chancen personal zurechenbaren Handelns in der Gesellschaft verteilt sind. Wenn man Freiheit immer noch als Abwesenheit von Zwang definiert, bleibt diese freiheitkonstituierende Funktion der Massenmedien latent, sie wird zumindest nicht diskutiert. Man kann nur vermuten, daß die Massenmedien zur Überschätzung der Freiheit anderer führen, während jedem Einzelnen die kognitiven Schranken des eigenen Freiheitsspielraums nur allzu bewußt sind. Und diese Disbalancierung der Freiheitsattribution mag in einer Gesellschaft, die Entscheidungsspielräume auf allen Ebenen immens erweitert und entsprechende Unsicherheiten erzeugt hat, viel folgenreicher sein als die Frage, wer nun definitiv zu bestimmtem Handeln oder Unterlassen gezwungen wird.

Kapitel 12
Die Realität der Konstruktion

Jede konstruktivistische Kognitionstheorie, und so auch diese, wird sich dem Einwand ausgesetzt sehen, daß sie der Realität nicht gerecht wird. Im traditionellen Schema der menschlichen Vermögen hatte man Erkenntnis von Willen unterschieden und nur dem Willen Freiheit der Selbstbestimmung (Willkür) konzediert. Erkenntnis dagegen sei dem Widerstand der Realität ausgesetzt und könne nicht beliebig verfahren, ohne damit ihre Funktion zu verfehlen. Diese Arbeitsteilung scheitert jedoch schon daran, daß es, empirisch gesehen, Beliebigkeit überhaupt nicht gibt; und daß auch Selbstdetermination (Autonomie) nur möglich ist in einem System, das sich selbst von der Umwelt unterscheidet und sich durch die Umwelt zwar nicht determinieren, wohl aber irritieren läßt. Aber damit wird die Frage nur um so dringender, wie denn der Widerstand zu begreifen sei, den die Realität dem Erkennen wie auch dem Wollen entgegensetzt. Wollte man auch das Konzept des Realitätsindikators Widerstand noch aufgeben, müßte man auf den Begriff der Realität verzichten oder, unter Bruch mit der Tradition, ein ganz anderes Realitätskonzept entwickeln.

Das ist jedoch unnötig. Bereits Hegel hatte dieses Problem im Kapitel „Die sinnliche Gewißheit" der Phänomenologie des Geistes behandelt[1], aber er hatte noch gemeint, daß das Problem durch die Superpotenz des Geistes gelöst werden könne. Davon ist nur die Verschiebbarkeit (différance) aller Unterscheidungen und damit die Dekonstruierbarkeit aller Konstruktionen geblieben. Zugleich bietet aber die Linguistik ihrerseits eine ausreichende Anpassung des Realitätsbegriffs, die wir, mutatis mutandis, in eine Theorie der gesellschaftlichen Kommunikation und damit auch in eine Theorie der Massenmedien übernehmen können. Sie lautet, kurz gesagt, daß Widerstand gegen Sprache nur durch die Sprache selbst geleistet werden kann und daß folglich, soweit es um Sprache geht, die Sprache selbst ihre Realitätsindikatoren erzeugt.[2] Nichts anderes hatten wir bereits mit dem Begriff der Eigenwerte formuliert. Dasselbe würde auch für die Aufmerksamkeitszustände des Bewußtseins oder für die neurophysiologische Operationsweise des Gehirns gelten. Alle operativ geschlossenen Systeme müssen ihre Realitätsindikatoren auf der Ebene ihrer eigenen Operationen erzeugen; sie verfügen über keine andere Möglichkeit. Intern kann dann Wi-

---

1 Und zwar sehr genau im Hinblick auf die zur Bezeichnung benutzten Unterscheidungen: „das *aufgezeigte Hier*, das ich festhalte, ist ebenso ein *dieses* Hier, das in der Tat *nicht dieses* Hier, sondern ein Vorn und Hinten, ein Oben und Unten, ein Rechts und Links ist. ... Das Hier, welches aufgezeigt werden sollte, verschwindet in anderen Hier, aber diese verschwinden ebenso;" – zit. nach der Ausgabe von Johannes Hoffmeister, 4. Aufl. Leipzig 1937, S. 86.

2 „It is", so paraphrasiert Wlad Godzich die Position Paul de Mans, „the resistance of language to language that grounds all other forms of resistance". Siehe Foreword zu: Paul de Man, The Resistance to Theory, Minneapolis 1986, S. XVIII. Diese Auffassung wird man durch die bereits erwähnte Dissonanz der Bilder (Godzich a.a.O. 1991) zu ergänzen haben.

derstand als ein Konsistenzproblem auftauchen, das zum Beispiel als Gedächtnis interpretiert wird, obwohl es immer nur im Moment auftritt und immer wieder neu aktualisiert werden muß.

Je voraussetzungsvoller (evolutionär unwahrscheinlicher) die operative Schließung eines Systems ist, desto anspruchsvoller und spezifischer werden auch seine Realitätstests ausfallen. Das gilt in spektakulärer Weise für die moderne Wissenschaft. Es gilt ebenso sehr für das System der Massenmedien. Den hier benutzten Mechanismus hatten wir bereits identifiziert. Er besteht darin, daß Meinungen über Zustände und Ereignisse ihrerseits wie Ereignisse behandelt werden. Dadurch führt das System sich selbst frisches Blut zu – und dies in einer Weise, die genau auf den Code und die Operationsweise des Systems abgestimmt ist. So kann das System selbst Widerstand gegen die eigenen Gewohnheiten erzeugen. Es kann „Wertewandel" produzieren, kann Minderheitsmeinungen, die sich selber aufdrängen, bevorzugen, vielleicht vor allem deshalb, weil sie spektakulär, konfliktreich, deviant auftreten, und so die von Elisabeth Noelle-Neumann identifizierte „Schweigespirale" auslösen.[3] Es gibt im einzelnen also sehr verschiedene Möglichkeiten, aber sie alle laufen darauf hinaus, daß die Medien Widerstand gegen sich selber erzeugen.

Eine andere Möglichkeit des Tests der Realitätskonstruktion der Massenmedien besteht in der empirischen Sozialforschung. Anders als weithin angenommen wird, liegt der Sinn dieser Forschung weniger im Kernbereich

---

3 Vgl. zuletzt Elisabeth Noelle-Neumann, Öffentliche Meinung: Die Entdeckung der Schweigespirale, Frankfurt 1991.

der wissenschaftlichen Forschung, also im Verzifizieren und Falsifizieren von Theorien[4] als vielmehr in der Beschaffung von Daten als Unterlagen für Entscheidungen in Politik und Wirtschaft oder eben in der Korrektur von Stereotypisierungen, die sich durch die Nachrichten und Berichterstattung der Massenmedien entwickelt und festgesetzt haben – etwa über die Demotivierung und die „Aussteiger"-Tendenzen bei Jugendlichen am Ende der 60er Jahre oder über das Ausmaß an Unzufriedenheit in der Bevölkerung der neuen Bundesländer. Auch die Absicht, langfristige Änderungen (oder auch nur Schwankungen) sichtbar zu machen, die den Massenmedien entgehen, ist in diesem Zusammenhang zu würdigen. Hier liegen die besonderen Verdienste des Instituts für Demoskopie in Allensbach, mit deren Fortführung sich, wie man hört, keine deutsche Universität belasten wollte. Selbst wenn man aber die Unabhängigkeit dieser Forschungen gebührend in Rechnung stellt: wirken können sie nur dadurch, daß die Massenmedien ihre Ergebnisse aufgreifen. Letztlich handelt es sich also auch in diesem Fall um die Selbstkorrektur eines operativ geschlossenen Systems.

Auch hier kann die Verleihung des Qualitätssiegels „Realität" also nur in dem System erfolgen, das zunächst Inkonsistenzen erzeugt, um sodann das zu konstruieren, was als Realität anzunehmen ist. Dies können die biologische Epistemologie, die Semiotik, die Linguistik und auch die Soziologie bestätigen – und all dies sind empirische Wissenschaften (nicht etwa: Geisteswis-

---

4 es sei denn, daß man bereits Vermutungen über Korrelationen zwischen den Datenaufteilungen (Variablen) dieser Forschung selbst als „Theorie" gelingen lassen will.

senschaften!). Zugleich hält sich dieser radikale Konstruktivismus jedoch durch die Einsicht in Grenzen, daß auf der Ebene der Beobachtung erster Ordnung zwischen Illusion und Realität und darum auch zwischen realer Realität und imaginärer Realität nicht unterschieden werden kann. (Logiker müßten wohl sagen: Die Systeme verfügen auf dieser Ebene nicht über genügend logische Werte.) Man kann diese Täuschung zwar durchschauen und darstellen, nicht aber in der Weise beseitigen, daß sie nicht mehr auftritt. Und selbst die Beobachtung zweiter Ordnung muß dem Beobachter, den sie beobachtet, Realität unterstellen. Sie kann ihn auswählen, nicht aber erfinden. Das liegt einfach daran, daß jede Beobachtung mit der Unterscheidung von Selbstreferenz und Fremdreferenz arbeiten und die Funktionsstelle Fremdreferenz irgendwie besetzen muß. In anderer Ausdrucksweise: Sie muß diese Unterscheidung als ihren blinden Fleck benutzen. Denn sie kann nicht sehen (nicht beobachten, nicht bezeichnen), daß diese Unterscheidung sich der Paradoxie des re-entry verdankt.

Im Unterschied zu subjektbezogenen Erkenntnistheorien, die bereits von unzugänglicher Außenwelt gesprochen hatten, aber am Problem der Mehrheit von Subjekten gescheitert sind, stützt sich der operative Konstruktivismus auf die Rekursivität der systemeigenen Operationen und, im Zusammenhang damit, auf das Gedächtnis des Systems, das ständig alle Operationen des Systems mit Konsistenzprüfungen begleitet (ohne diese auf ein „Subjekt", einen Autor, ein Ich zu beziehen). Wenn man Gäste hat und ihnen Wein einschenkt, wird man nicht plötzlich auf die Idee kommen, die Gläser seien unerkennbare Dinge an sich und möglicherweise nur als subjektive Synthese vorhanden. Vielmehr gilt: Wenn schon Gäste und wenn schon Wein, dann auch Gläser. Oder wenn man angerufen wird und der Mensch auf der anderen Seite des Satelliten unangenehm wird, wird man ihm nicht sagen: Was wollen Sie eigentlich, Sie sind doch bloß ein Konstrukt des Telephongesprächs! Man wird dies nicht *sagen*, weil vorauszusetzen ist, daß die Kommunikation selbst Konsistenzprüfungen durchführt, und abzuschätzen ist, wie die Kommunikation auf derart ungewöhnliche Beiträge reagieren wird.

Die Schwachstelle des Wahrnehmungskontinuums Welt ist freilich das Denken, so wie die Schwachstelle des Kommunikationskontinuums Welt die Theorie. Denn auf der Ebene des Denkens und der der Theoriebildung können Konsistenzprüfungen zu entgegengesetzten Ergebnissen führen. Sowohl die Neurophysiologie als auch die Sprachforschung zwingen zur Annahme operativ geschlossener Systeme, also zu operativem Konstruktivismus. Aber dann muß man eben mitsehen, daß Wahrnehmungen und Kommunikationen auf Externalisierungen angewiesen sind und deshalb Informationen, die gegen die Existenz einer Außenwelt sprechen, nicht miteinbeziehen. Die eigene autopoietische Selbstreproduktion der individuellen Teilnehmer nach Leben und Bewußtsein wird keineswegs in Zweifel gezogen. Im Gegenteil, sie wird erst als Umwelt des autopoietischen Gesellschaftssystem in ihrer Eigenständigkeit begreifbar. Das „Ich" als Zentralphantom der Rekursivität des Erlebens und Handelns lebt immer noch vom Körperbezug aller Wahrnehmung; aber es findet sich zusätzlich angereichert und verunsichert durch das, was es durch die Massenmedien weiß.

Dies alles gilt auch für die Realität der Massenmedien. Auch hier ist es operativ nicht möglich, und dies kann man wissen, die Selektivität der publizierten Informationen in die Rekursivität der gesellschaftlichen Kommunikationen einzubeziehen. Man reagiert wie der bereits zitierte Horatio: „So I have heard, and do in part believe it."[5] Es mag zwar manches Detail bezweifelt werden und jeder mag Gelegenheiten finden, sich selbst in die Kommunikation mit besonderen Meinungen einzubringen. Aber den Rahmen der Konsistenzprüfungen, die Rekursivität, kann die Kommunikation im Gesellschaftssystem nicht ausschalten. Sie verlöre sonst fast allen täglich benötigten Sinn.

Die Kontroverse um konstruktivistische Kognitionstheorien verliert viel an Schärfe, wenn man die Komplexität dieses Sachverhalts verdeutlicht und entsprechend eine Mehrzahl von Unterscheidungen auf ihn ansetzt. Die Soziologie und vor allem die Gesellschaftstheorie gewinnen damit den Vorteil, nicht länger auf die Dogmatik der klassischen Erkenntnistheorien angewiesen zu sein, sondern die Art und Weise, wie Realität konstruiert und als Widerstandserfahrung genutzt wird, überall dort aufspüren zu können, wo sich autopoietische, operativ geschlossene Systeme bilden. Und so auch im Bereich der Massenmedien.

Das vielleicht wichtigste Ergebnis dieser Überlegungen ist, daß die Massenmedien zwar die Realität, aber eine nicht konsenspflichtige Realität erzeugen. Sie lassen die Illusion einer kognitiv zugänglichen Realität unangetastet. Zwar hat der „radikale Konstruktivismus" recht mit der These, daß kein kognitives System,

---

5 Hamlet I,1.

mag es als Bewußtsein oder als Kommunikationssystem operieren, seine Umwelt operativ erreichen kann. Es muß sich für eigene Beobachtungen an die selbstgetroffenen Unterscheidungen halten und damit an die Unterscheidung von Selbstreferenz und Fremdreferenz; und das gilt nicht nur für das System der Massenmedien selbst, sondern auch für alle durch es irritierten psychischen und sozialen Systeme. Zugleich gilt aber auch, daß kein kognitives System auf Realitätsannahmen verzichten kann. Denn wenn alle Kognition als eigene Konstruktion geführt und auf die Handhabung der Unterscheidung von Selbstreferenz und Fremdreferenz zurückgeführt werden würde, würde diese Unterscheidung selbst als paradox erscheinen und kollabieren. Fremdreferenz wäre dann nur eine Variante von Selbstreferenz. Die Vorstellung von Realität sichert durch ihre eigene Ambivalenz die Autopoiesis kognitiver Operationen. Es mag sich um eine Illusion handeln oder um das „Realitätsprinzip" im Sinne der Psychiatrie[6]: Wichtig bleibt, daß das System in seinen kognitiven Operationen nicht ständig, sondern nur ausnahmsweise genötigt ist, zwischen der Umwelt, wie sie wirklich ist, und der Umwelt, wie es sie sieht, zu unterscheiden.

Und was wären die Ausnahmen? Es scheint, daß sich hier in der modernen Gesellschaft, die ihre Weltkenntnis durch Massenmedien sicherstellt, eine Änderung eingespielt hat. Nach dem klassischen Modell der Wahrheitsrationalität mit seinen logischen und ontologischen Prä-

---

[6] Speziell hierzu Jurgen Ruesch/Gregory Bateson, Communication: The Social Matrix of Psychiatry, New York 1951, 2. Aufl. 1968, S. 238 ff.

missen mußte nur für die Vermeidung von Irrtum gesorgt werden. Dabei spielten die Gründe des Irrtums keine oder nur eine sekundäre Rolle, nämlich nur dann, wenn man vermeiden wollte, denselben Irrtum zu wiederholen. Grundsätzlich ging man davon aus, daß der Irrtum an der Sache selbst korrigiert werden könne, und die hierfür empfohlene Methode war darauf spezialisiert, den Einfluß individueller Eigenarten der Kognition suchenden Systeme zu neutralisieren. In die Kommunikation war Vorsorge für Irrtumskorrekturen eingebaut. Für die moderne Welt nach Descartes und nach Freud reicht das nicht mehr aus. Zwar vermag das kognitive System, das man jetzt „Subjekt" nennt, jeder Kognition, sei sie wahr oder unwahr, eine Selbstbestätigung zu entnehmen; denn schließlich bestätigt es damit seine Autopoiesis. Aber gerade das führt nicht mehr direkt zur Bestätigung des Realitätswerts der Erkenntnis. Die Selbstberichtigungsmechanismen werden durch Selbstbezichtigungsmechanismen ergänzt. Das geschieht mit Begriffen wie „Projektion" oder mit der hochlabilen Unterscheidung von normal und pathologisch. Diese Ausweitung des Motivverdachts führt tendentiell zu einer Selbstpsychiatrisierung der Kommunikation. Das schließt, längst anerkannt, die Kommunikation der Psychiater oder sonstiger Therapeuten ein, die in Gefahr sind, ihrer professionellen Deformierung zu erliegen. Die Unterscheidung von normal und pathologisch sagt nicht deutlich, wo hier Grenzen zu ziehen sind. Die Labilität dieser Unterscheidung, ihre Verschiebbarkeit in immer neue Verdachtterrains, spiegelt genau die funktionsnotwendige Ambivalenz des Realitätsverständnisses wieder. Auch die Psychiatrie kann auf eine irgendwie durch Welt garantierte Realität nicht verzichten, sie müßte sonst ihre eigene Tätigkeit einstellen. Sie kann, anders gesagt, nicht wirklich akzeptieren, daß sie mit der Annahme von Pathologien nur ihren eigenen Projektionen folgt. Sie wird zumindest annehmen müssen, daß es schmerzlichere und weniger schmerzliche Pathologien gibt.[7]

Die Unterscheidung einer nicht konsenspflichtigen, individuell anschneidbaren Welt könnte nun eine dritte Lösung für dieses Problem sein, und genau das scheint die Lösung zu sein, die die Massenmedien anbieten und verbreiten. Man muß nur die eigene Art der Einstellung auf Realität akzeptieren – und unterscheiden können. Man muß sich nur davor bewahren, sie für allgemeingültig, für die Realität schlechthin zu halten. Man muß in der Lage sein, die eigenen Beiträge zur Kommunikation auf diese Differenz einzustellen. Man muß mit anderen auf zwei Ebenen gleichzeitig denken bzw. kommunizieren können[8] (und mit „man" sind hier, wie immer, sowohl psychische als auch soziale Systeme gemeint). Eine in dieser Weise individualisierte Kommunikation ist weder verpflichtet, sich selbst als Irrtum oder als pathologisch darzustellen; noch ist sie genötigt, auf einen in der Schwebe bleibenden Bezug auf Realität

---

7 Vgl. für Bewegungsempfehlungen in diesem unsicheren Gelände Paul Watzlawick, Verschreiben statt Verstehen als Technik von Problemlösungen, in: Hans Ulrich Gumbrecht/K. Ludwig Pfeiffer (Hrsg.), Materialität der Kommunikation, Frankfurt 1988, S. 878-883.

8 In speziell diesem Sinne spricht bekanntlich die Systemtheorie noch heute von kommunikativen Paradoxien als Folge der Nichtunterscheidung von logischen „Ebenen", die an sich unterschieden werden müßten. Siehe Ruesch/Bateson a.a.O. S. 222 ff. und im Anschluß daran die systemtherapeutischen Schulen von Palo Alto und Milano.

ganz zu verzichten. Sie kann sich ganz harmlos selbst mitkommunizieren und es der weiteren Kommunikation überlassen, ob sie sich eher den Mitteilungsmotiven oder eher den Themen zuwendet.

Wenn dies eine zutreffende Diagnose ist, wird auch verständlich, weshalb sich unter diesen kommunikativen Bedingungen Fundamentalismen aller Arten entwickeln. Man kann hervortreten mit der Aussage: Dies ist meine Welt, dies halten wir für richtig. Der Widerstand, auf den man dabei stößt, ist dann eher noch Steigerungsmotiv, er kann radikalisierend wirken, ohne daß dies zu Realitätszweifeln führen müßte.[9] Und im Unterschied zum „Enthusiasmus" älterer Bauart[10] braucht man weder auf göttliche Inspiration zu setzen noch sich der Gegenbehauptung auszusetzen, dies sei eine Illusion. Es genügt, die eigene Realitätssicht mit der eigenen Identität zu verschweißen und sie als Projektion zu behaupten. Weil Realität ohnehin nicht mehr konsenspflichtig ist.

---

9 Daß Fundamentalismen Neuerscheinungen der letzten Jahrzehnte sind und daß es nicht um „tief verwurzelte" traditionelle Empfindungen geht, sondern um persuasive Erfolge von Intellektuellen, bei denen man ohnehin Identitätsschwierigkeiten vermuten würde, scheint in der neueren soziologischen Literatur unbestritten zu sein. Sowohl Anregungsmotiv als auch Erfolg könnten den im Text behaupteten Zusammenhang mit der Wirkungsweise von Massenmedien bestätigen.
10 Dazu z.B. Susie I. Tucker, Enthusiasm: A Study in Semantic Change, Cambridge England 1972.

Kapitel 13
Die Funktion der Massenmedien

Will man diesen Analysen etwas über die gesellschaftliche Funktion von Massenmedien entnehmen, muß man zunächst einmal auf eine grundlegende Unterscheidung zurückgreifen, nämlich die Unterscheidung von *Operation* und *Beobachtung*. Operation ist das faktische Stattfinden von Ereignissen, deren Reproduktion die Autopoiesis des Systems, das heißt: die Reproduktion der Differenz von System und Umwelt durchführt. Beobachtungen benutzen Unterscheidungen, um etwas (und nichts anderes) zu bezeichnen. Auch Beobachten ist selbstverständlich eine Operation (anders käme sie nicht vor), aber eine hochkomplexe Operation, die mit Hilfe einer Unterscheidung das, was sie beobachtet, von dem abtrennt, was sie nicht beobachtet; und was sie nicht beobachtet, ist immer auch die Operation des Beobachtens selbst. Die Beobachtungsoperation ist in diesem Sinne ihr eigener blinder Fleck, der überhaupt erst ermöglicht, etwas Bestimmtes zu unterscheiden und zu bezeichnen.[1]

Die Unterscheidung von Operation und Beobachtung

---

1 Diese hier nur kurz zusammengefaßten Begriffsbestimmungen habe ich an anderer Stelle ausführlicher vorgestellt. Siehe Niklas Luhmann, Die Wissenschaft der Gesellschaft, Frankfurt 1990, S. 68 ff.

benötigen wir, um eine in der biologischen Evolutionstheorie sich ausbreitende Einsicht in der Gesellschaftstheorie überprüfen zu können. Es geht um die Erkenntnis, daß die *Anpassung* von Lebewesen an ihre Umwelt *nicht auf kognitive Fähigkeiten und Leistungen zurückgeführt werden kann*, sondern daß Leben und dafür ausreichende Angepaßtheit immer schon gesichert sein muß, wenn ein System existieren soll, das kognitive Fähigkeiten entwickeln kann.[2] Dies ist zunächst natürlich kein Argument dafür, daß es sich auch im Falle sozialer Systeme so verhalten müsse. Wenn man sich das Problem aber klar macht, ist rasch einzusehen, daß es zu einer operativ nicht einlösbaren Selbstüberforderung jedes Systems führen müßte, wollte man erwarten, daß es sich allein über Kognition an die Umwelt anpassen müßte. Dies gilt zwingend allein schon deshalb, weil angesichts der Komplexität der Umwelt dem System die „requisitive variety" (Ashby) fehlt. Auch mit dem Begriff der Beobachtung wird registriert, daß nie die Welt beobachtet, geschweige denn: erkannt werden kann, weil jede Beobachtung durch ein „unwritten cross" einen „unmarked space" erzeugt, den sie nicht beobachtet.[3] Es ist nicht zu sehen, wie Bewußtseinssysteme oder kommunikationsbasierte soziale Systeme aus diesem Mißverhältnis von System und Umwelt ausbrechen könnten. Die Frage kann nur sein, welchen Anteil eine umweltbezogene Kognition an den evolutionären Chancen einer bestimmten Art von Systemen hat. Aber zunächst

---

[2] Siehe z.B. A. Moreno/J. Fernandez/A. Etxeberria, Computational Darwinism as a Basis for Cognition, Revue internationale de systémique 6 (1992), S. 205-221.

[3] In der Terminologie von George Spencer Brown a.a.O. (1979), S. 7 i.V.m. S. 5.

einmal muß gesichert sein, daß die Umwelt die Autopoiesis des Systems toleriert. Zunächst muß also im Falle des Sozialsystems Gesellschaft dafür gesorgt sein, daß Kommunikation an Kommunikation anschließt und daß nicht jeder Übergang von einer Kommunikation zu einer nächsten die Gesamtheit der dafür nötigen Umweltbedingungen kontrollieren, also unter anderem darüber kommunizieren müßte, ob die Teilnehmer noch leben. Kognition wird unter diesen Bedingungen daher primär *innenorientiert* eingesetzt. Es gilt in erster Linie, zu sichern, daß eine Kommunikation zu einer anderen paßt.[4] Es geht also um ausreichendes Verhalten – und nicht etwa darum, ob die Luft ausreicht, um einen Laut von einem Organismus zu einem anderen zu tragen. Wenn die Bedingungen unerwarteterweise nicht mehr gegeben sind, wird man das als Störung registrieren und (wiederum mit Mitteln der Kommunikation) Auswege suchen.

Dies führt auf die grundsätzliche Frage, wie denn Kommunikation beschaffen sein muß, so daß sie sowohl sich selbst reproduzieren als auch kognitive Funktionen übernehmen und die reproduktive bzw. informationelle Komponente trennen kann. Die Antwort lautet, daß Kommunikation überhaupt nur dadurch zustandekommt, daß sie in der Selbstbeobachtung (im Verstehen) Mitteilung und Information unterscheiden kann. Ohne diese Unterscheidung würde Kommunikation kollabie-

---

4 Zu den Vorteilen einer digitalisierten, sequentiellen, sich auf „transmission capacity" stützenden Arbeitsweise angesichts riesiger Informationsmengen siehe auch W. Ross Ashby, Systems and Their Informational Measures, in: George J. Klir (Hrsg.), Trends in General Systems Theory, New York 1972, S. 78-97.

ren, und die Teilnehmer wären darauf angewiesen, etwas wahrzunehmen, was sie nur noch als Verhalten beschreiben könnten.[5] Die Differenz von Mitteilung und Information entspricht genau dem Erfordernis, den Fortgang von Kommunikation zu Kommunikation nicht davon abhängig zu machen, daß die Information vollständig ist und zutrifft. Und nur weil es diese primäre, konstitutive Differenz gibt, kann Kommunikation sich selbst binär codieren (zum Beispiel im Hinblick auf akzeptabel/nichtakzeptabel, zutreffend/nichtzutreffend) und auf diese Weise die Umwelt mit einer Unterscheidung abtasten, für die in der Umwelt selbst jedes Korrelat fehlt. Ohne diese in die eigene Operation eingelassene Unterscheidung könnte das System keine wiedererkennbaren Identitäten konstituieren und kein Gedächtnis entwickeln. Es könnte auch nicht evoluieren, keine eigene Komplexität aufbauen, Strukturierungsmöglichkeiten nicht positiv/negativ testen und dabei immer die Mindestbedingung der Fortsetzung der eigenen Autopoiesis honorieren.[6] Gesellschaft, wie wir sie kennen, wäre unmöglich.

Aus den gleichen Gründen können an das Verstehen der Kommunikation keine hohen Ansprüche gestellt werden. Ansprüche können zwar hochgetrieben werden, erfordern dann aber ausdifferenzierte Sonderdiskurse. Normalerweise werden auch Ambivalenzen und

---

5 Ausführlicher Niklas Luhmann, Soziale Systeme: Grundriß einer allgemeinen Theorie, Frankfurt 1984, S. 191 ff.
6 Das gilt im übrigen in ganz anderer Weise auch für lebende Organismen, deren elementarste Exemplare (Einzeller) Kognition nur über binäre Schematisierungen durchführen können, für die Teilprozesse des Systems, aber nicht das gesamte System verantwortlich sind und die Messungen durchführen müssen, für die es in der Umwelt keine Entsprechungen gibt.

Mißverständnisse mitgeführt, solange sie die Kommunikation nicht blockieren; ja Verstehen ist praktisch immer ein Mißverstehen ohne Verstehen des Miß.

Von diesen allgemeinen systemtheoretischen und gesellschaftstheoretischen Überlegungen ist es ein weiter Sprung zu den Massenmedien der modernen Gesellschaft. Die Funktion der Massenmedien liegt nach all dem im Dirigieren der Selbstbeobachtung des Gesellschaftssystems[7] – womit nicht ein spezifisches Objekt unter anderen gemeint ist, sondern eine Art, die Welt in System (nämlich Gesellschaft) und Umwelt zu spalten. Es geht um eine universale, nicht um eine objektspezifische Beobachtung. Wir hatten in anderem Zusammenhang[8] bereits von der Funktion des Systemgedächtnisses gesprochen, das für alle weiteren Kommunikationen eine Hintergrundrealität bereitstellt, die durch die Massenmedien ständig reimprägniert wird. Und es geht um eine Beobachtung, die die Bedingungen ihrer eigenen Möglichkeit selbst erzeugt und in diesem Sinne autopoietisch abläuft. Denn die Ungewißheit ebenso wie die Unterscheidungen, die zur Beobachtung verwendet werden, sind Produkte des Systems und nicht etwa vorgegebene Weltattribute oder ontologisch oder transzendental feststellbare Dekomponate („Kategorien") der Einheit der Welt. Das heißt auch, daß der Anstoß zu weiterer Kommunikation im System selbst reproduziert wird und nicht anthropologisch, etwa als Wissenstrieb, zu erklären ist.

Man kann die „Realität der Massenmedien" deshalb nicht begreifen, wenn man ihre Aufgabe in der Bereit-

---

7 Siehe dazu auch Marcinkowski a.a.O. (1993), S. 113 ff.
8 Oben S. 120 f. Siehe auch Sachregister.

stellung zutreffender Informationen über die Welt sieht und daran ihr Versagen, ihre Realitätsverzerrung, ihre Meinungsmanipulation mißt – so als ob es anders sein könnte. Die Massenmedien realisieren in der Gesellschaft genau jene duale Struktur von Reproduktion und Information, von Fortsetzung einer immer schon angepaßten Autopoiesis und kognitiver Irritationsbereitschaft. Ihre Präferenz für Information, die durch Publikation ihren Überraschungswert verliert, also ständig in Nichtinformation transformiert wird, macht deutlich, daß die Funktion der Massenmedien in der ständigen Erzeugung und Bearbeitung von Irritation besteht – und weder in der Vermehrung von Erkenntnis noch in einer Sozialisation oder Erziehung in Richtung auf Konformität mit Normen. Als faktischer Effekt dieser zirkulären Dauertätigkeit des Erzeugens und Interpretierens von Irritation durch zeitpunktgebundene Information (also als Unterschied, der einen Unterschied macht) entstehen die Welt- und Gesellschaftsbeschreibungen, an denen sich die moderne Gesellschaft innerhalb und außerhalb des Systems ihrer Massenmedien orientiert.

Man darf natürlich nicht unterstellen, daß Irritation nur im System der Massenmedien vorkommt und nicht zum Beispiel in Ehen, im Schulunterricht oder in sonstigen Interaktionen; so wie ja auch Macht nicht nur im politischen System vorkommt, Normierungen nicht nur im Recht, Wahrheit nicht nur in der Wissenschaft. Irritabilität ist das allgemeinste Strukturmerkmal autopoietischer Systeme, das in der modernen Beschreibung den Platz einnimmt, den man früher der Natur und dem als Natur fixierten Wesen der Dinge zugedacht hatte.[9] Irri-

---

9 Vgl. für Lebewesen Jean-Baptiste Pierre Antoine de Monet de

tabilität ergibt sich daraus, daß das System ein an allen Operationen mitwirkendes Gedächtnis hat und damit Inkonsistenzen erfahren und ausgleichen – was nichts anderes heißt als: Realität erzeugen kann. Das deutet auf einen rekursiven Konstitutionszusammenhang von Gedächtnis, Irritabilität, Informationsverarbeitung, Realitätskonstruktion und Gedächtnis hin. Die Ausdifferenzierung eines darauf spezialisierten Funktionssystems dient der Steigerung einer darauf spezialisierten Kommunikationsweise und zugleich ihrer Normalisierung. Nur von den Massenmedien erwarten wir diese Sonderleistung jeden Tag, und nur so ist es möglich, die moderne Gesellschaft in ihrem Kommunikationsvollzug endogen unruhig einzurichten wie ein Gehirn und sie damit an einer allzu starken Bindung an etablierte Strukturen zu hindern.

Im Unterschied zum Funktionssystem der Massenmedien kann Wissenschaft spezialisiert werden auf kognitive Zugewinne, also auf gesellschaftliche Lernprozesse, während das Rechtssystem die Ordnung des normativen, kontrafaktisch durchgehaltenen und insofern lernunwilligen Erwartens übernimmt. Die Aufteilung kognitiv/normativ auf Wissenschaft und Recht kann jedoch niemals den gesamten Orientierungsbedarf gesellschaftlicher Kommunikation unter sich aufteilen und damit abdecken. Im Normalfalle orientiert sich die gesellschaftliche Kommunikation weder an Wissenschaft noch an Recht. Aber sie kann in der modernen Weltgesellschaft auch nicht dem nur lokal, nur im engsten Umkreis anfallenden Alltagswissen überlassen bleiben. Es

---

Lamarck, Philosophie zoologique, Paris 1809, Nachdruck Weinheim 1960, Bd. I, S. 82 ff.

scheint demnach die Funktion der Massenmedien zu sein, diesem weder kognitiv noch normativ spezifizierten Bedarf abzuhelfen. Die Massenmedien garantieren allen Funktionssystemen eine gesellschaftsweit akzeptierte, auch den Individuen bekannte Gegenwart, von der sie ausgehen können, wenn es um die Selektion einer systemspezifischen Vergangenheit und um die Festlegung von für das System wichtigen Zukunftserwartungen geht. Je nach Eigenbedarf können andere Systeme sich dann auf Vergangenheitsbezug ihrer Voraussicht einstellen, die Wirtschaft zum Beispiel auf Neuigkeiten aus den Firmen oder vom Markt, und auf dieser Grundlage eigene Zusammenhänge zwischen ihrer Vergangenheit und ihrer Zukunft festlegen.

Bereits Parsons hat den besonderen Beitrag der Massenmedien zu den „interchanges" der modernen Gesellschaft in der Steigerung der Freiheitsgrade der Kommunikation gesehen – analog zur Funktion des Geldes in der Wirtschaft.[10] Diese Diagnose kann erweitert werden, wenn man zusätzlich die Steigerung der Irritierbarkeit der Gesellschaft und die rekursive Vernetzung der Massenmedien-Kommunikation mit der alltäglichen Kommunikation in den Interaktionen und Organisationen der Gesellschaft in Betracht zieht. Einerseits saugen Massenmedien Kommunikation an, andererseits stimulieren sie weiterlaufende Kommunikation.[11] Sie wenden

---

10 Siehe Talcott Parsons/Winston White, Commentary on: „The Mass Media and the Structure of American Society", Journal of Social Issues 16 (1960), S. 67-77.
11 Deshalb bedarf es, wir kommen auf bereits Gesagtes nochmals zurück, einer besonderen Codierung, um das *System* der Massenmedien *operativ zu schließen*. Würde man nur auf Kommunikation als solche achten, erschiene die Tätigkeit der Mas-

also fortlaufend neue Kommunikation auf die Resultate bisheriger Kommunikation an. In diesem Sinne sind sie für die Produktion der „Eigenwerte" der modernen Gesellschaft zuständig – eben jener relativ stabilen Orientierungen im kognitiven, im normativen und im evaluativen Bereich, die nicht ab extra gegeben sein können, sondern dadurch entstehen, daß Operationen rekursiv auf ihre eigenen Resultate angewandt werden.[12]

Es scheint, daß eine mehrhundertjährige Tradition uns in die Irre geführt hat mit der Folge, daß Massenmedien in einem ungünstigen Licht erscheinen. Die Tradition besagt, daß die Stabilität des Gesellschaftssystems auf *Konsens* beruhe – wenn nicht auf einem explizit/implizit abgeschlossenen Sozialvertrag und wenn nicht länger auf gemeinsam geglaubter Religion, dann doch auf konsensuell akzeptierten Hintergrundüberzeugungen, wie Jürgen Habermas sie in seinem Begriff von Lebenswelt untergebracht hat. Wäre dem so, wären Massenmedien ein destabilisierender Faktor, der alles daran setzt, diese Voraussetzungen zu zerstören und sie durch etwas zu ersetzen, was Franzosen vielleicht symbolische Gewalt nennen würden.

Tatsächlich beruht jedoch die Stabilität (= Reproduktionsfähigkeit) der Gesellschaft in erster Linie auf der

---

senmedien nur als Mitwirkung an der Autopoiesis der Gesellschaft, also nur als Beitrag zur Ausdifferenzierung des Gesellschaftssystems.
12 Siehe Heinz von Foerster, Objects: Tokens for (Eigen-)Behaviors, in ders., Observing Systems, Seaside Cal. 1981, S. 274-285. Zur Rekursivität speziell kommunikativer Operationen siehe auch ders., Für Niklas Luhmann: Wie rekursiv ist Kommunikation? Teoria Sociologica 1/2 (1993), S. 66-85. Von Foersters Antwort auf die Frage lautet: Kommunikation ist Rekursivität – mit mathematischen Konsequenzen, versteht sich.

Erzeugung von *Objekten*, die in der weiteren Kommunikation vorausgesetzt werden können.[13] Es wäre viel zu riskant, sich primär auf Verträge oder auf normativ einforderbare Konsense zu stützen. Objekte ergeben sich aus dem rekursiven Fungieren der Kommunikation *ohne Verbot des Gegenteils*. Und sie lassen nur Restprobleme übrig für die Entscheidung der Frage, ob man zustimmen oder ablehnen will. Daß es solche Objekte „gibt", verdankt die moderne Gesellschaft dem System der Massenmedien, und es wäre kaum vorstellbar, wie eine weit über individuelle Erfahrungshorizonte hinausgreifende Gesellschaft kommunikativer Operationen funktionieren könnte, wäre diese unerläßliche Bedingung nicht *durch den Kommunikationsprozeß selbst* gesichert.

Das bestätigt nur erneut, daß Kommunikation primär ein Zeitproblem zu lösen hat, und das gilt auch und erst recht für die unter Beschleunigungsdruck operierenden Massenmedien. Das Problem ist, wie man von einer Kommunikation zu einer nächsten kommt; und dies auch dann noch, wenn das Gesellschaftssystem hochkomplex und für sich selbst intransparent geworden ist und jeden Tag massenhaft Varietät aufnimmt und als Irritation in Information überführen muß. Das kann unmöglich von vorgängig gesichertem, operativ zu vergewisserndem Konsens abhängig gemacht werden. Im Gegenteil: jede explizite Kommunikation stellt ja die Frage von Annahme oder Ablehnung neu, setzt also Konsens aufs Spiel, wohlwissend, daß man auch

---

13 Vgl. zu dieser Gegenüberstellung Michel Serres, Genèse, Paris 1982, S. 146 ff. mit dem stark einschränkenden Begriff der „quasi-objets".

und gerade bei Dissens weiterkommunizieren kann. Unter modernen Bedingungen wird dies Riskieren von Dissens, dies Testen von Kommunikation durch Kommunikation geradezu enthemmt. Eben deshalb muß Kommunikation an durch sie selbst konstituierten Objekten, die als Themen behandelt werden können, entlanggeführt werden. Den Massenmedien obliegt es denn auch in erster Linie, Bekanntsein zu erzeugen und von Moment zu Moment zu variieren, so daß man in der anschließenden Kommunikation es riskieren kann, Akzeptanz oder Ablehnung zu provozieren.

Diese Analysen lassen sich in einer Theorie des Gedächtnisses der Gesellschaft zusammenfassen. Ein System, das die durch seine Operationen erzeugte System/Umwelt-Differenz beobachten kann, benötigt für seine beobachtenden Operationen (oder mit Spencer Brown gesprochen: für den Vollzug des re-entry dieser Differenz ins System) eine zeitliche Doppelorientierung, nämlich einerseits ein Gedächtnis und andererseits eine offene Zukunft, die die Möglichkeit des Oszillierens zwischen den beiden Seiten jeder Unterscheidung bereithält.[14] Das Problem, das sich für das Gesellschaftssystem damit stellt und das im wesentlichen über die Massenmedien gelöst wird, ist folglich: wie Gedächtnisfunktion und Oszillatorfunktion kombiniert werden können, wenn dafür nur die Gegenwart, also praktisch keine Zeit zur Verfügung steht.[15] Und das ist nur eine

---

14 Dazu Spencer Brown a.a.O. (1979), S. 54 ff.
15 Man findet diese Frage bereits in hellsichtigen Formulierungen der Frühromantik. Siehe etwa Novalis, Blüthenstaub 109: „Die gewöhnliche Gegenwart verknüpft Vergangenheit und Zukunft durch Beschränkung. Es entsteht Kontiguität, durch Erstarrung, Krystallisation. Es gibt aber eine geistige Gegen-

andere Form für die alte Frage, wie ein komplexes System hinreichende Redundanz und hinreichende Varietät zugleich sicherstellen kann. Wenn man die Funktion des Gedächtnisses von vornherein im Hinblick auf Zukunft beschreiben will, muß man die psychologisch plausible Vorstellung aufgeben, Gedächtnis leiste die nur gelegentlich benötigte Vergegenwärtigung vergangener Vorkommnisse. Vielmehr vollzieht das Gedächtnis ein ständig mitlaufendes, alle Beobachtungen je aktuell begleitendes Diskriminieren von Vergessen und Erinnern. Die Hauptleistung liegt dabei im Vergessen, und nur ausnahmsweise wird etwas erinnert. Denn ohne Vergessen, ohne Freimachen von Kapazitäten für neue Operationen hätte das System keine Zukunft, geschweige denn Möglichkeiten des Oszillierens von einer Seite zur anderen der jeweils verwendeten Unterscheidungen. Anders gesagt: das Gedächtnis fungiert als Löschung von Spuren, als Repression und als gelegentliches Inhibieren der Repression. Es erinnert etwas, wie immer kurzfristig oder langfristig, wenn die aktuellen Operationen Anlaß zur Wiederholung, zum „Reimprägnieren" der freigemachten Kapazitäten bieten.[16] Daraus folgt nicht, daß das Gedächt-

---

wart, die beyde durch Auflösung identifiziert." Zitiert nach Werke, Tagebücher und Briefe Friedrich von Hardenbergs, Darmstadt 1987, Bd. II, S. 283. Diese auf „Geist" gesetzte Hoffnung wird man indessen kaum auf die Massenmedien übertragen wollen.

16 So Heinz Förster, Das Gedächtnis: Eine quantenphysikalische Untersuchung, Wien 1948. Vgl. auch Heinz von Foerster, What is Memory that it May Have Hindsight and Foresight as well, in: Samuel Bogoch (Hrsg.), The Future of the Brain Sciences, New York 1969, S. 19-64, dt. Übers. in ders., Wissen und Gewissen: Versuch einer Brücke, Frankfurt 1993, S. 299-336.

nis umweltbezogen operiert, also der laufenden Anpassung des Systems an wechselnde Zustände seiner Umwelt dient. Das mag für einen externen Beobachter (mit eigenem Gedächtnis) in der Tat so aussehen. Im System selbst findet jedoch nur eine laufend neu eingesetzte interne Konsistenzprüfung statt, wobei das Gedächtnis Rekursionen vollzieht und den Widerstand des Systems gegen überraschende neue Sinnzumutungen organisiert. Und wie bereits gesagt: durch Widerstand von Operationen des Systems gegen Operationen des Systems erzeugt das System Realität.

Die Gedächtnisleistungen kommunikativer Systeme im allgemeinen und der Massenmedien im besonderen werden durch die Themen der Kommunikation erbracht. Denn zu einem Thema gerinnt nur, was eine Sequenz von Beiträgen organisieren kann und für künftige Ja- bzw. Nein-Optionen offen ist. Themen sind Ausschnitte kommunikativer Relevanzen, gleichsam „lokale" Module, die bei Bedarf gewechselt werden können. Sie ermöglichen folglich ein hochdifferenziertes Gedächtnis, das einen sprunghaften Themenwechsel tolerieren, ja ermöglichen kann mit Vorbehalt der Rückkehr zu im Moment abgelegten Themen.

Alle Funktionssysteme haben ein für sie spezifisches Gedächtnis, so zum Beispiel die Geldwirtschaft ein Gedächtnis, das dazu bestimmt ist, die Herkunft der jeweils gezahlten Geldbeträge zu vergessen, um deren Umsatz zu erleichtern.[17] Das Gedächtnis der Massen-

---

17 Vgl. Dirk Baecker, Das Gedächtnis der Wirtschaft, in ders. et al. (Hrsg.), Theorie als Passion, Frankfurt 1987, S. 519-546. Man wird hier jedoch hinzufügen müssen, daß das Rechtssystem benutzt werden kann, um diese wirtschaftstypische und wirtschaftsnotwendige Vergeßlichkeit in gewissen Fällen zu korrigieren.

medien fungiert ebenfalls systemintern, erbringt aber darüber hinaus entsprechende Funktionen für das umfassende Gesellschaftssystem. Offenbar hängt diese gesellschaftliche Inanspruchnahme der Massenmedien für die laufende Verknüpfung von Vergangenheit und Zukunft zusammen mit den extrem hohen Ansprüchen an Redundanz und Varietät, die die moderne Gesellschaft stellt und die sie temporal verbuchen und über die Unterscheidung von Vergangenheit und Zukunft abrechnen muß, weil ohne diese zeitliche, dimensionale Streckung die laufend rekonstruierte Realität an inneren Widersprüchen zusammenbrechen würde. Und das erklärt nicht zuletzt, daß diese Leistung starke Selektoren benötigt, die dann ihrerseits durch Ausdifferenzierung und operative Schließung geschützt werden müssen.

Kapitel 14
Öffentlichkeit

Den bisherigen Überlegungen kann man etwas über die Richtung entnehmen, in der nach der „Funktion" der Massenmedien gefragt werden muß. Sie leisten einen Beitrag zur Realitätskonstruktion der Gesellschaft. Dazu gehört eine laufende Reaktualisierung der Selbstbeschreibung der Gesellschaft und ihrer kognitiven Welthorizonte, sei es in konsensueller, sei es in dissensueller Form (wenn es zum Beispiel um die wirklichen Ursachen des „Waldsterbens" geht). Zwar haben die Massenmedien keinen Exklusivanspruch auf Realitätskonstruktion. Schließlich trägt jede Kommunikation in dem, was sie aufgreift und in dem, was sie dem Vergessen überläßt, zur Realitätskonstruktion bei. Unentbehrlich ist jedoch die Mitwirkung von Massenmedien, wenn es um die weite Verbreitung, um die Möglichkeit anonymer und damit unvorhersehbarer Kenntnisnahme geht. Das heißt nicht zuletzt, so paradox dies klingen mag: wenn es darum geht, in den Reaktionen auf Kenntnisnahme *Intransparenz* zu erzeugen. Der Effekt, wenn nicht die Funktion der Massenmedien scheint deshalb in der Reproduktion von Intransparenz durch Transparenz, in der Reproduktion von *Intransparenz der Effekte* durch *Transparenz des Wissens* zu liegen. In anderen Worten heißt dies: in der Reproduktion von Zukunft.

Diese zunächst paradoxale, nur über die jeweils gegenwärtige Unterscheidung von Vergangenheit und Zukunft auflösbare These läßt sich weiterbehandeln, wenn man zwischen dem System der Massenmedien und der Öffentlichkeit unterscheidet. Dazu muß zunächst ein Begriff der „Öffentlichkeit" vorgestellt werden, der sich deutlich genug vom System der Massenmedien und auch vom Begriff der „Öffentlichen Meinung" unterscheidet.

Es scheint, daß in den Begriff des „Öffentlichen" immer schon ein Moment der Unvorhersehbarkeit eingebaut war. Im klassischen juristischen Diskurs ist „öffentlich" durch Zugänglichkeit für jedermann, also durch Ausschluß der Kontrolle über den Zugang definiert. Danach sind die Druckerzeugnisse und die Sendungen der Massenmedien öffentlich, weil keine Kontrolle darüber besteht, wer sie zur Kenntnis nimmt. Aber das ist, von dieser Begrifflichkeit her gesehen, nur ein Teilbereich des Öffentlichen. Öffentliche Toiletten sind weder Meinungen, noch ein Produkt der Massenmedien. Der Begriff der Zugänglichkeit verweist in einem realen oder metaphorischen Verständnis auf Raum und auf Handlung. Diese Beschränkung kann man korrigieren, wenn man von Handeln auf Beobachten umstellt. Man kann dann Öffentlichkeit, einer Anregung von Dirk Baecker folgend, definieren als Reflexion jeder gesellschaftsinternen Systemgrenze[1], oder anders: als gesellschaftsinterne Umwelt der gesellschaftlichen Teilsysteme, also aller Interaktionen und Organisationen, aber auch der gesellschaftlichen Funktionssysteme und der sozialen Bewe-

---
1 So Dirk Baecker, Oszillierende Öffentlichkeit, in: Rudolf Maresch (Hrsg.), Mediatisierte Öffentlichkeiten, (im Druck).

gungen. Der Vorteil dieser Definition ist: daß man sie auf die gesellschaftlichen Funktionssysteme übertragen kann. Der „Markt" wäre dann die wirtschaftssysteminterne Umwelt wirtschaftlicher Organisationen und Interaktionen[2]; die „öffentliche Meinung" wäre die politiksysteminterne Umwelt politischer Organisationen und Interaktionen.[3]

Nach wie vor gilt, daß Systemgrenzen operativ nicht überschritten werden können. Aber ebenso gilt auch, daß jedes beobachtende System dies reflektieren kann. Es sieht auf der Innenseite seiner Grenze, daß es eine Außenseite geben muß, denn sonst wäre die Grenze keine Grenze. Wenn intern spezifische Irritationserfahrungen wiederholt anfallen, kann das System andere Systeme in der Umwelt voraussetzen, die dafür verantwortlich sind. Wenn das System dagegen reflektiert, daß es von außen beobachtet wird, ohne daß schon feststünde, wie und durch wen, begreift es sich selbst als beobachtbar im Medium der Öffentlichkeit. Das kann, muß aber nicht, zur Orientierung an generalisierbaren (öffentlich vertretbaren) Gesichtspunkten führen. Funktional äquivalente Strategien sind solche der Geheimhaltung und solche der Heuchelei.

Themengruppen um Geheimhaltung, Simulation, Dissimulation, Heuchelei (hypocrisy) werden vor allem in der (gedruckten!) Literatur des 16. und 17. Jahrhun-

---

[2] Vgl. Niklas Luhmann, Die Wirtschaft der Gesellschaft, Frankfurt 1988, S. 91 ff.
[3] Vgl. Niklas Luhmann, Die Beobachtung der Beobachter im politischen System: Zur Theorie der öffentlichen Meinung, in: Jürgen Wilke (Hrsg.), Öffentliche Meinung: Theorie, Methoden, Befunde. Beiträge zu Ehren von Elisabeht Noelle-Neumann, Freiburg 1992, S. 77-86.

derts ausgearbeitet, und dies keineswegs nur als politische Theorie unter den Namen Staatsräson, sondern auch exemplifiziert am Theater, mit Bezug auf den Markt und für soziales Verhalten schlechthin.[4] Gegen diese Betonung einer Notwendigkeit des sozialen Verkehrs richtet sich dann im 18. Jahrhundert die emphatische Forderung von Öffentlichkeit als Mittel der Durchsetzung von Vernunft. Aber dies ist dann schon ein verengter, gleichsam konstitutionalistischer Begriff von Öffentlichkeit mit Forderungen wie Meinungsfreiheit, Pressefreiheit, Abschaffung von Zensur. Der Polemik selbst liegt ein viel allgemeiner Begriff des Öffent-

---

4 Vgl. z.B. Francis Bacon, Of Simulation and Dissimulation, zit. nach: Bacon's Essays, London 1895, S. 12-15; Juan Pablo Mátir Rizo, Norte de Príncipes (1626), zit. nach der Neuausgabe Madrid 1945, Kap. XXI, S. 119-122. Torquato Acetto, Della dissimulazione onesta (1641), zit. nach: Benedetto Croce/Santino Caramella (Hrsg.), Politici e moralisti del seicento, Bari 1930, S. 143-173; Madeleine de Scuderi, Conversations sur divers sujets Bd. 1, Lyon 1680, S. 300 ff. An Sekundärliteratur z.B. Ulrich Schulz-Buschhaus, Über die Verstellung und die ersten „Primores" des Héroe von Gracián, Romanische Forschungen 91 (1979), S. 411-430; August Buck, Die Kunst der Verstellung im Zeitalter des Barock, Festschrift der Wissenschaftlichen Gesellschaft der Johann Wolfgang Goethe-Universität Frankfurt am Main, Wiesbaden 1981, S. 85-113; Margot Kruse, Justification et critique du concept de la dissimulation dans l'œuvre des moralistes du XVIIe siècle, in: Manfred Tietz/Volker Kapp (Hrsg.), La pensée religieuse dans la littérature et la civilisation du XVIIe siècle en France, Paris 1984, S. 147-168. Was diese Literatur deutlich erkennen läßt, ist die Einbettung des politischen Problems der Geheimhaltung in die allgemeinen Moralregeln der oberen Schichten. Insofern ist die Kritik der Arcanpolitik und die Forderung nach Öffentlichkeit zugleich ein Indikator für die Ausdifferenzierung des politischen Systems; denn sie läßt sich natürlich nicht auf das Verhalten derjenigen übertragen, die jetzt als „Privatleute" gelten.

lichen zugrunde, gegen den sich gerade die Strategien der Geheimhaltung und der Heuchelei und später das Bemühen um Schutz einer „Privatsphäre" profilieren. Öffentlichkeit ist mithin ein allgemeines gesellschaftliches Reflexionsmedium, das die Unüberschreitbarkeit von Grenzen und, dadurch inspiriert, das Beobachten von Beobachtungen registriert.

Schon bevor es gegen Ende des 18. Jahrhunderts zu einem emphatischen Begriff der öffentlichen Meinung kam, war die Druckpresse benutzt worden, um für politisch ambitionierte Kommunikationen öffentliche Resonanz zu erzielen und die Entscheidungsinstanzen damit dem Doppelzugriff des an sie gerichteten Schreibens und seiner öffentlichen Resonanz auszusetzen. In England wurden schon im 17. Jahrhundert an die Krone und das Parlament gerichtete Petitionen gedruckt, obwohl die Form eines Briefes mit Adresse und ehrerbietiger Höflichkeit erhalten blieb. In Frankreich begannen im 18. Jahrhundert die Gerichtshöfe, ihre an den König gerichteten Remonstrationen drucken zu lassen, um Öffentlichkeit gegen die einzig anerkannte „öffentliche Person", den Monarchen, auszuspielen.[5] Die öffentliche Zugänglichkeit von Kommunikationen im politischen Herrschaftsapparat wird so mit Hilfe der Druckpresse erweitert, und erst daraufhin kommt es zu der Vorstellung einer öffentlichen Meinung als Letztinstanz der Beurteilung politischer Angelegenheiten. Obwohl, ja weil die Öffentlichkeit politisch nicht entscheiden kann, sondern gewissermaßen außerhalb der Grenzen des Sy-

---

5 Speziell hierzu Keith Michael Baker, Politics and Public Opinion Under the Old Regime: Some Reflections, in: Jack R. Censer/Jeremy D. Popkin (Hrsg.), Press and Politics in Pre-Revolutionary France, Berkeley Cal. 1987, S. 204-246.

stems der Politik liegt, wird sie in der Politik politisch benutzt und ins System hineincopiert.

Die Funktion der Massenmedien wäre demnach nicht in der Produktion, sondern in der Repräsentation von Öffentlichkeit zu sehen. Dabei ist von „Repräsentation" in einem „kontrahierenden", reduktiven Sinne die Rede. Gerade weil „Öffentlichkeit" für alle Systeme, die Massenmedien selbst eingeschlossen, immer die andere, unzugängliche Seite ihrer Grenzen beschreibt und nicht in Richtung auf bestimmte Partnersysteme spezifiziert werden kann, ist es notwendig, sie zu repräsentieren in der Form von Realitätskonstruktionen, an denen alle Teilsysteme, ja alle Menschen teilhaben können, ohne daß daraus eine Verpflichtung erwüchse, in bestimmter Weise damit umzugehen. Die Repräsentation der Öffentlichkeit durch die Massenmedien garantiert mithin im laufenden Geschehen Transparenz und Intransparenz zugleich, nämlich bestimmtes thematisches Wissen in der Form von jeweils konkretisierten Objekten und Ungewißheit in der Frage, wer wie darauf reagiert.

Wie bereits wiederholt bemerkt, ist dies ein „autologisches" Konzept. Es trifft auch auf die Massenmedien selbst zu. Auch sie erzeugen, indem sie sich als System reproduzieren, Grenzen mit einer Innenseite und einer für sie unzugänglichen Außenseite. Auch sie reflektieren, soweit nicht spezifische Außenbeziehungen, etwa zur Politik oder zu Auftraggebern für Werbung, in Frage stehen, ihre Außenseite als Öffentlichkeit. Diese Reflexion hat für sie aber einen anderen Stellenwert, weil hier ihre Funktion erkennbar wird. Der Rückgriff auf die funktional äquivalenten Strategien der Geheimhaltung und der Heuchelei bleibt daher weitgehend verschlossen, selbst wenn schließlich doch geheuchelt wird, daß nicht geheuchelt wird. Daran kann eine metaphorische Redeskription[6] anschließen – etwa in der Form einer professionellen Ethik, die es den Journalisten ermöglicht, ihre Mühen als Dienst an der Öffentlichkeit zu verstehen, dies als Rechtfertigung von Autonomieansprüchen und als Grund für Interessenneutralität aufzufassen und dafür kritische Standards und professionellen Konsens zu institutionalisieren. Die Einschränkung auf Journalismus/Profession/Ethik hat einen guten Sinn, wenn es um eine Selbstkontrolle des Systems der Massenmedien geht. Sie bietet auch Ansatzpunkt für eine, wie immer utopische, Unabhängigkeit von den Wünschen des Publikums oder bestimmter Interessengruppen. Aber diese Leistungen müssen erkauft werden mit einem stark eingeschränkten Begriff von Autonomie. Hier und nur hier hat es denn auch Sinn, in einem in sich paradoxen Sinne von „relativer Autonomie" zu sprechen.

---

6 im Sinne von Mary Hesse, Models and Analogies in Science, Notre Dame 1966, S. 157 ff.

Kapitel 15
Schemabildung

Die bisher durchgeführten Untersuchungen hatten entschieden und ausschließlich für die Systemreferenzen „Gesellschaft" und „Massenmedien" optiert und alles andere in deren „Umwelt" verwiesen. Damit blieben auch Individuen als lebende Körper und als Bewußtseinssysteme außer Betracht. Wir konnten zwar von Individuen sprechen, und in der Tat kommt kein System der Massenmedien aus, ohne Namen zu nennen oder Bilder von Menschen zu übermitteln. Aber das sind dann offensichtlich nur Themen der Kommunikation oder abgebildete Objekte, und es geht in allen Fällen auf Entscheidungen im System der Massenmedien, also auf Kommunikationen zurück, ob sie genannt oder gezeigt werden oder nicht. Es sind nicht die Individuen selbst. Es sind nur Personen, nur „Eigenwerte", die jedes Kommunikationssystem erzeugen muß, um sich selbst reproduzieren zu können.[1]

Die These operativer Schließung autopoietischer Systeme besagt offensichtlich nicht, daß diese Systeme ohne Umwelt existieren könnten. Der Verdacht „solipsistischer" Existenzen war immer schon absurd gewesen und verrät mehr über den, der ihn als Einwand formu-

---
1 Siehe hierzu Kap. 10.

liert, als über die angegriffene Theorie selbst. Zwar können kognitive Systeme ihre Umwelt operativ nicht erreichen und können sie daher auch nicht unabhängig von eigenen Strukturbildungen kennen. Gleichwohl gibt es strukturelle Kopplungen zwischen autopoietischen Systemen und Systemen ihrer Umwelt, die mit der Autopoiesis kompatibel sind. Sie bewirken keine Determination von Systemzuständen durch Zustände oder Ereignisse der Umwelt. Die Systeme können sich nur selbst und nur durch selbsterzeugte Strukturen determinieren. Aber es kann trotzdem zu massiven und wiederholten Irritationen kommen, die dann jeweils systemintern zu Informationen verarbeitet werden. Längerfristig gesehen erklärt sich somit die Strukturentwicklung durch die Dauerzufuhr von Irritationen aus bestimmten Quellen – und durch das Fehlen von Anstößen von Seiten anderer Umweltsegmente. Maturana hat diese evolutionäre Tendenz „structural drift" genannt.

Selbstverständlich setzt diese Kopplung im Verhältnis von Individuen und sozialen Systemen voraus, daß Individuen wahrnehmen können, also eine intern errechnete Umwelt externalisieren können. Sie hängt außerdem vom Wahrnehmen des Wahrnehmens anderer ab; denn sonst könnte kein Individuum etwas erzeugen, was für Wahrnehmung durch andere bestimmt ist. Ebenso fraglos muß Sprache verfügbar sein, und zwar sowohl für Wahrnehmung als auch für Kommunikation. Aus diesen Voraussetzungen gewinnt man jedoch noch keine Hypothesen über die Richtung, die ein structural drift nimmt, wenn die Weltkenntnis nahezu ausschließlich durch die Massenmedien erzeugt wird. Es fehlt uns noch ein Begriff, der zum Beispiel erklären könnte (oder zu Hypothesen führen könnte, die erklären könnten), wie die Weltkenntnis, die sich aus dem Leben in den Familienhaushalten der traditionalen Gesellschaft ergibt, verdrängt oder überformt wird durch Teilnahme an den Sendungen der Massenmedien. Für diese Frage könnte ein Repertoire nützlich werden, das mit Begriffen wie schema, cognitive map, prototype, script, frame eine breite Diskussion ausgelöst hat.[2]

Dies sind psychologische Begriffe, die aber zunehmend auch für die Erklärung sozialer Koordinationen oder eines sogenannten „kollektiven" Verhaltens herangezogen werden.[3] Ihr Ausgangspunkt liegt in der Notwendigkeit des Gedächtnisses, in der Flut der Operationen, die ein System beschäftigen, laufend zwischen Vergessen und Erinnern diskriminieren zu müssen, da ohne Vergessen die Kapazitäten des Systems für weitere Operationen sehr rasch blockiert wären und man, anders gesagt, künftig nur noch immer dasselbe erleben

---

[2] Vgl. als viel zitierte Ausgangspunkte Frederic C. Bartlett, Remembering: A Study in Experimental and Social Psychology, Cambridge Engl. 1932; Eduard C. Tolman, Cognitive Maps in Rats and Men, Psychological Review 55 (1948), S. 189-208; Erving Goffman, Frame Analysis: An Essay on the Organization of Experience, New York 1974. Vgl. auch Roger C. Schank/Robert P. Abelson, Scripts, Plans, Goals, and Understanding, Hillsdale N.J. 1977 oder Robert P. Abelson, Psychological Status of the Script Concept, American Psychologist 36 (1981), S. 715-729. Die Terminologie könnte vereinfacht werden. Wir optieren für Schema und im Sonderfall zeitlicher Ordnung für Skript.

[3] Siehe z.B. Dennis A. Gioia/Charles C. Manz, Linking Cognition and Behavior: A Script Processing Interpretation of Vicarious Learning, Academy of Management Review 10 (1985), S. 527-539; Henry P. Sims, Jr./Dennis A. Gioia et al., The Thinking Organization, San Francisco 1986.

oder tun könnte. Vergessen macht frei. Da aber das Vergessen seinerseits nicht erinnert werden kann, braucht man ein Schema, das regelt, was bewahrt bleibt und wiederverwendet werden kann. Dies können Wahrnehmungsschemata sein, die es ermöglichen, den Blick zu focussieren und am Vertrauten das Unvertraute zu erkennen. Es können aber auch abstraktere Kategorisierungen sein; oder beides zugleich, wenn man zum Beispiel aus Rassenmerkmalen auf Eigenschaften oder Verhalten von Menschen schließt. Schemata zwingen nicht zu Wiederholungen, sie legen auch das Handeln nicht fest; ihre Funktion liegt ja gerade darin, Spielraum für frei gewähltes Verhalten zu generieren in einem System, das sich durch seine eigene Vergangenheit in den Zustand (und in keinen anderen) versetzt hat, in dem es sich gerade befindet. Dazu dient die (nicht notwendig begriffliche) Abstraktion, das Absehen von ..., die Repression der zahllosen Details, die Situationen als einmalig und unwiederholbar markieren. Aber Abstraktion heißt eben auch, daß neue Situationen das Schema modifizieren können. Das Schema ermöglicht Ergänzungen und Ausfüllungen, es läßt sich nicht „schematisch" anwenden.[4] Gerade an Hand des Schemas überrascht die Abweichung; sie fällt auf und prägt sich dadurch dem Gedächtnis ein. Schemata sind Instrumente des Vergessens – und des Lernens, sind Beschränkungen der Flexibilität, die Flexibilität innerhalb vorstrukturierender Schranken überhaupt erst ermöglichen.

---

4 Siehe Arthur C. Graesser et al., Memory for Typical and Atypical Actions in Scripted Activities, Journal of Experimental Psychology: Human Learning and Memory 6 (1980), S. 503-515; Joseph W. Alba/Lynn Hasher, Is Memory Schematic?, Psychological Bulletin 93 (1983), S. 203-231.

Wie Kant[5] uns gelehrt hat, sind Schemata keine Bilder, sondern Regeln für den Vollzug von Operationen, das Schema Kreis zum Beispiel ist nicht das Abbild irgendeines Kreises, sondern die Regel für das Ziehen eines Kreises. Die dem inneren Sinn in der Form von Zeitunterschieden gegebene Mannigfaltigkeit kann nur als (ebenfalls Zeit voraussetzendes) Verfahren für Zwecke der Erkenntnis rekonstruiert werden. Für Kant lag in diesem Hinübercopieren von Zeit aus der empirischen in die transzendentale Sphäre der Grund dafür, daß trotz der radikalen Verschiedenheit von Gegenständen und Vorstellungen ein Verhältnis der Gleichartigkeit unterstellt werden könne. Dies Problem stellt sich nicht mehr, wenn man zu einer radikal konstrukivistischen Erkenntnistheorie übergeht. Aber es bleibt dabei, daß Schemata keine Bilder sind, die sich im Moment des Abbildens konkret fixieren, sondern nur Regeln für die Wiederholung von (dann wieder konkreten) Operationen. So besteht das Gedächtnis denn auch nicht aus einem Vorrat von Bildern, die man nach Bedarf wiederanschauen kann. Vielmehr geht es um Formen, die im unaufhörlichen Zeitlauf der Autopoiesis Rekursionen ermöglichen, also Rückgriffe auf Bekanntes und Wiederholung der Operationen, die es aktualisieren.

Schemata können sich auf Dinge oder auf Personen beziehen. Der Gebrauchssinn von Dingen ist ein Schema, die Rangverhältnisse zwischen Personen oder standardisierte Rollenerwartungen sind ein anderes. Mit „Skript" bezeichnet man den Sonderfall, daß zeitliche Sukzessionen stereotypisiert werden (daß man zum

---

5 und zwar im Hauptstück „Von dem Schematismus der reinen Verstandesbegriffe", Kritik der reinen Vernunft B 176 ff.

Beispiel eine Fahrkarte kaufen sollte, bevor man in die Bahn einsteigt). Die Beobachtung von Kausalverhältnissen folgt typisch einem Skript, da sie andere, ebenfalls realistische Möglichkeiten der Kausalattribution ausblendet.[6] Nur über ein Skript kommt man dazu, Wirkungen auf Handlungen zuzurechnen. Ein Skript ist mithin ein bereits ziemlich komplexes, also auch viel ausblendendes Schema, das sowohl eine Stereotypisierung von Ereignissen als auch eine standardisierte Kopplung ihrer Sukzession voraussetzt. Wenn Dingoder Personschemata zu einem Skript verknüpft werden, heißt das auch, daß der Beobachter nicht mehr frei ist, zwischen Sachschema und Zeitschema zu wählen oder seinen Blick pendeln zu lassen, sondern daß Sachschema und Zeitschema in ein Verhältnis wechselseitiger Abhängigkeit treten und das eine nicht ohne Rücksicht auf das andere gewählt werden kann. Wir hatten einen solchen Fall bereits am Beispiel der narrativen Struktur von Romanen behandelt: Die Abfolge von Handlungen charakterisiert die Personen, deren Motive dann wieder die Abfolge von Handlungen verständlich werden lassen – mit ausreichendem Spielraum für Überraschungen.

Wir vermuten nun, daß die strukturelle Kopplung massenmedialer Kommunikation und psychisch bewährter Simplifikationen solche Schemata benutzt, ja erzeugt. Der Prozeß verläuft zirkulär. Die Massenmedien legen wert auf Verständlichkeit. Aber Verständlichkeit ist am besten durch die Schemata garantiert, die die Medien selbst erst erzeugt haben. Sie benutzen für ihren

---
6 Siehe z.B. Gerald R. Salancik/Joseph F. Porac, Distilled Ideologies: Values Derived from Causal Reasoning in Complex Environment, in: Sims/Gioia a.a.O. S. 75-101.

Eigenbetrieb eine psychische Verankerung[7], die als Ergebnis des Konsums massenmedialer Darstellungen vorausgesetzt werden kann, und zwar ohne weitere Tests vorausgesetzt werden kann. Wir wollen dies an zwei Beispielen erläutern: der Anfertigung von kausalen Skripts in Bereichen, die für individuelle Erfahrung unzugänglich sind, sehr typisch also bei Problemen der Ökologie; und die Voraussetzung unterschiedlicher Personschematisierungen je nach dem, ob es um die eigene Person oder um andere Personen geht.

Kommunikation über ökologische Probleme ist für unsere Zwecke ein besonders gutes Beispiel[8], weil sie die Erfahrungswelt der Individuen weit überschreitet. (Wer könnte aus eigenem Wissen sagen, was angesichts der Druckverhältnisse auf dem Meeresboden mit dem Inhalt der Brent Spar Plattform geschehen wäre, wenn sie versenkt worden wäre?). Auch die Massenmedien sind überfordert, und wenn sie sich an die Wissenschaft wenden, werden sie typisch mehr Wissen und mehr Nichtwissen zugleich geliefert bekommen. Also ist man auf Schemabildung angewiesen. Dabei kann es sich um normative Sätze handeln, die gegen eine „virtuelle Realität" gesetzt und sehr typisch metaphorisch gearbeitet

---

7 „Verankerung" hier im Sinne einer psychologischen Theorie, die den heuristischen Wert von anchoring, availability, topical account usw. betont. Siehe Amos Tversky/Danial Kahneman: Availability: A Heuristics for Judging Frequency and Probability, Cognitive Psychology 5 (1973), S. 207-232; Daniel Kahneman/Amos Tversky, Choices, Values, and Frames, American Psychologist 39 (1984), S. 341-350. Vgl. auch Robert E. Nisbett/Lee Ross, Human Inference: Strategies and Shortcomings of Social Judgment, Englewood Cliffs 1980.

8 Für eine neuere Publikation siehe etwa Gerhard de Haan (Hrsg.), Umweltbewußtsein und Massenmedien: Perspektiven ökologischer Kommunikation, Berlin 1995.

sind. Zum Beispiel: das Meer darf nicht als Müllkippe benutzt werden. Das ist sozusagen selbstevident. Bei Nachfragen wird mit weiteren Skripts gearbeitet. Aus zahllosen möglichen kausalen Konstellationen wird eine herausgegriffen, die plausibel gemacht werden kann. Typisch geht es um die Effekte von Handlungen, nicht um den Selbstlauf der Natur. Und dann können Auswirkungen angekoppelt werden, die beängstigend genug sind, daß man nicht weiter nachfragt, wie wahrscheinlich sie eigentlich sind. Es geht, anders gesagt, um Veränderungsschemata, die den Selektionskriterien der Nachrichten und Berichte (etwa: neu, Handlung, Dramatik, Moral) entsprechen. Umweltverschmutzungen ändern die Lebensbedingungen der Menschen auf der Erde bis hin zu Bedingungen, die weiteres Leben unmöglich machen. Dabei stößt man nicht auf Schwierigkeiten mit dem Gedächtnis und der Erfahrungswelt der Individuen. Die haben solches noch nicht erlebt oder können allenfalls, wenn das Skript angeboten wird, dazu passende eigene Erfahrungen (die Schmutzschicht auf dem draußen parkenden Auto) aktivieren. Es geht also nicht um eine „Umerziehung" der Individuen, nicht um ein mehr oder weniger schwieriges Verlernen von etwas, was man für Wissen gehalten hatte. Die ökologische Metaphorik, ihre Schemata, ihre Skripts werden gleichsam auf der grünen Wiese entwickelt, sie formieren ein noch nicht besetztes Terrain.

Es wird von „Wertewandel" gesprochen. Die Frage ist jedoch, ob die Umorientierung mit neu empfohlenen Werten beginnt, oder ob es die kausalen Skripts sind, die zunächst beeindrucken; ob es also die Veränderung ist, die fasziniert und die dann dazu führt, daß Werte hinzuassoziiert werden. Salancik und Porac sprechen von „distilled ideologies" und meinen damit: „values derived from causal reasonings in complex environments".[9]

Wer an Vorstellungen wie „objektive Wahrheit" oder psychisch bindendem „Konsens" hängt, wird diese Analyse nicht akzeptieren können und den Massenmedien Oberflächlichkeit, wenn nicht Manipulation vorwerfen. Wenn man andererseits die Individualität und die operative Geschlossenheit autopoietischer Systeme ernst nimmt, sieht man: es geht gar nicht anders. Von der Gesellschaft her gesehen hat die schemavermittelte strukturelle Kopplung den Vorteil einer Beschleunigung von Strukturänderungen, und zwar einer Beschleunigung, die, wenn es gelingt, die strukturelle Kopplung von Medien und Individuen nicht reißen läßt, sondern nur auf andere Schemata überleitet. Vom Individuum her gesehen haben Schemata den Vorzug, daß sie das Gedächtnis strukturieren, aber das Handeln nicht festlegen. Sie befreien zugleich von allzu konkreten Belastungen und bieten eine Folie, an der man auch Abweichungen, Gelegenheiten zum Handeln und Beschränkungen erkennen kann. Der Einzelne ist dann immer noch frei, sich zu engagieren oder es zu lassen. Er kann Gefühle entstehen lassen und sich mit ihnen identifizieren oder genau dies bei anderen beobachten und das für merkwürdig oder auch für gefährlich halten. Und damit sind wir beim zweiten Thema, einer komplementären Hypothese über Beziehungen zwischen Massenmedien und Individuen.

In der Psychologie ist es seit längerem üblich, mit Bezug auf Personen die Schematisierungen der eigenen

---

9 So Salancik/Porac a.a.O. (1988).

Person (also Antworten auf die Frage: wer bin ich?) zu unterscheiden von der Schematisierung anderer Personen.[10] Die Unterscheidung ist in verschiedenen Hinsichten interessant – und zwar als Unterscheidung. Zunächst ist ja jeder Mensch als ein konkretes Individuum gegeben, also nach Aussehen, Namen, sonstigen Merkmalen anders als die anderen. Warum genügt es dann nicht und seit wann genügt es nicht mehr, sich selbst von anderen zu unterscheiden so wie jedes Individuum von jedem anderen. Wieso genügt es nicht, dieselbe Liste objektiver Merkmale (Alter, Geschlecht, Familie, gutes oder weniger gutes Aussehen, Wohnort, Tugenden und Laster etc.) zu verwenden und die jeweils gemeinte Person nur durch deren Kombination zu konkretisieren. Es gäbe dafür unbegrenzte, nach Bedarf ergänzbare Möglichkeiten. Und ferner: weshalb ist, wenn man es mit konkreten Individuen zu tun hat, überhaupt eine Schemabildung erforderlich? Dabei muß, wie bei der Ökologie auch, Intransparenz vorausgesetzt werden, die erst den Anlaß bildet für Simplifikationen oder, wie man heute auch sagt, „Identität". Aber wieso ist jemand für sich selbst intransparent, also schemabedürftig, obwohl er doch, Descartes zufolge, an seiner denkenden Existenz nicht zweifeln kann?

Man kann mit Sicherheit davon ausgehen, daß der Unterschied des eigenen Ich von anderen Individuen von Anfang an, das heißt: bereits wenige Tage nach der Geburt gegeben ist. Das neugeborene Kind muß ein komplementäres, nicht ein nachahmendes Verhalten

---

10 Vgl. z.B. Hazel Markus, Self-Schemata and Processing Information About the Self, Journal of Personality and Social Psychology 35 (1977), S. 63-78.

praktizieren, zum Beispiel rechts/links-Wahrnehmungen revertieren.[11] Die weitere frühkindliche Sozialisation setzt das voraus, was Stein Bråten „dialogic closure" nennt, nämlich nach außen abgrenzbare Systeme, in denen ein Platz für ein „virtual other", das heißt: für effektive Besetzung vorgesehen ist.[12] Diese Position des virtual other kann nur mit Hilfe von Schemata besetzt werden, da sie Wiedererkennen, also Gedächtnis erfordert. Andererseits braucht man kein „virtual ego". Man ist von vornherein der, der man ist. Wie kommt es dann aber trotzdem zu einem sekundären Bedarf für Selbstschematisierungen? Und was geschieht, wenn die Bedingung eines unmittelbaren „dialogical closure" gesprengt wird und die Besetzung der Position des „virtual other" nicht mehr effektiv (im Sinne von „virtus") erfolgt, sondern durch fiktionale Komponenten „angereichert" wird?

Man kann vermuten, daß an diesem Punkte Effekte der Massenmedien sichtbar werden. Zuerst wird vor allem das frühmoderne Bühnentheater die Neuentwicklung eingeleitet haben. Es bot die Möglichkeit, auf der Bühne interne Meinungsbildungsprozesse, Konflikte und Unsicherheiten der Akteure dem Publikum sprachlich sichtbar zu machen – sei es, daß die Schauspieler

---

11 Siehe zum Stand der Forschung: Intersubjective Communication and Ontogeny: Between Nature, Nurture and Culture: Theory Forum Symposium Pre-Proceedings, Oslo, The Norwegian Academy of Science and Letters 25.-30. August 1994.
12 Siehe Stein Bråten, Between Dialogic Mind and Monologic Reason, Postulating the Virtual Other, in: M. Campanella (Hrsg.), Between Rationality and Cognition, Torino 1988, S. 205-235; ders., The Virtual Other in Infants' Minds and Social Feelings, in: A.H. Wold (Hrsg.), The Dialogical Alternative, Oslo 1992, S. 77-97.

sich direkt an das Publikum wenden in Formen, von denen zu unterstellen ist, daß die anderen Mitwirkenden auf der Bühne es nicht hören (aber wie lernt man diese ungewöhnliche, kontrafaktische Unterstellung?); sei es in der Form von Monologen oder Selbstgesprächen. Das Publikum konnte dann beobachten, wie die Handelnden auf der Bühne sich selbst motivieren und sich selbst und andere täuschen und daß dieser Vorgang für andere Teilnehmer des Schauspiels zunächst unsichtbar bleibt.[13] In den geschliffenen Dialogen des Wiener Theaters (zum Beispiel Schnitzlers „Liebelei" oder Hofmannsthals „Der Unbestechliche") sind dann auch die Sätze selbst so konstruiert, daß das Publikum mehr beobachten kann als die Adressaten. Die Entstehung dieser schwierigen, sozusagen aufgeladenen Kulturform der Beobachtung von Beobachtern und die Ausbildung von dafür geeigneten Schematisierungen ist mithin kein direktes Produkt der Druckpresse oder der Massenmedien. Aber wenn diese spezifische Form von Beobachtung zweiter Ordnung mit ihren Motivschemata (Liebe, Kriminalität, Aufrichtigkeit/Unaufrichtigkeit etc.) einmal eingeübt ist und als Beobachtungsweise vorausgesetzt werden kann, läßt sie sich auch in anderen Kontexten, etwa im Roman und schließlich sogar in der Philosophie verwenden. Und dann wird auch der Zuschauer oder Leser zu einem zweiten Blick auf seine eigene Beobachtungsweise und deren Motive verführt.

Shaftesbury scheint einer der ersten gewesen zu sein, der, bei deutlichem Mißtrauen gegen die Druckpresse und ihre kommerziellen Verleger, deren er sich doch selbst bedient, sich auf ein privates Selbstgespräch zu-

---

13 Siehe dazu Raymond Williams a.a.O. (1982), S. 137 ff., 145 ff.

rückzieht, um Klarheit über sich selbst zu gewinnen.[14] Rousseau läßt seine Bekenntnisse ebenfalls drucken, obwohl er sich selbst explizit von den Beurteilungskriterien ausnimmt, die auch für andere gelten.[15] Die Romantik spielt mit Doppelgängern, Zwillingen, Spiegelungen, um die Umwandlung von Identität in Kommunikation darzustellen. Gegen Ende des 19. Jahrhunderts werden dann William James, Georg Simmel und viele andere von der Notwendigkeit eines „sozialen Selbst" oder einer „Identität" sprechen, die das fragmentarische, turbulente, chaotische Individuum zu sein oder zu prätendieren hat, um für andere etwas zu sein, was es selbst nicht von selbst ist.[16] Und jetzt beginnt die „Sinn-

---

14 Siehe Anthony, Earl of Shaftesbury, Soliloquy, or Advice to an Author (1710), zit. nach dem Abdruck in: Characteristicks of Men, Manners, Opinions, Times, 2. Aufl. London 1714, Nachdruck Farnborough Hants, UK 1968, Bd. 1, S. 151 ff. Zur Thematik des Divided Self nach Shaftesbury vgl. Jan Hendrick van den Berg, Divided Existence and Complex Society, Pittsburgh 1974.
15 Siehe Jean-Jacques Rousseau, Confessions, besonders den Anfang des Buch I: „Je ne suis fait comme aucun de ceux que j'ai vue; j'ose croire n'être fait comme aucun de ceux qui existent. Si je ne vaux pas mieux, au moins je suis autre". Und bemerkenswert ist auch, daß Rousseau diese Selbstschematisierung des Andersseins auch auf seinen Text überträgt: „Je forme une entreprise qui n'eut jamais d'éxemple, et dont l'exécution n'aura d'imitateur". Zitate nach Œuvres complète, éd. de la Pléiade, Paris 1959, S. 5. Wenn Rousseau von der Einzigartigkeit seines Selbst auf die Einzigartigkeit seines Textes schließt: ist er selbst dann sein Text? Oder ist diese Konfusion nötig, um den Verdacht abzuwehren, es handele sich um ein Schema? Zur zeitgenössischen Kritik dieses Punktes siehe auch die Anmerkung in der Pléiade-Ausgabe S. 1231.
16 Siehe unter dem Motto, wie man zu einer Erziehung kommt, auch: The Education of Henry Adams: An Autobiography (1907), zit. nach der Ausgabe New York 1918. Am Text wirkt

suche" – zumindest in gedruckten Texten. Wir kommen in eine Zeit, in der sich Literatur und Leben in der Literatur nicht mehr trennen lassen. Man erfindet das Problem der „Selbstverwirklichung", das von den Massenmedien aufgenommen und verbreitet wird. Den Individuen wird suggeriert, daß sie, obwohl ohne Zweifel schon nach der Zeugung und erst recht nach der Geburt wirklich lebend, noch wirklicher (oder unwirklicher?) werden müssen, als sie es schon sind.

Man kann diese semantische Ambiguität verstehen, wenn man sie als Indikator für einen Schemabedarf liest, der aber nicht zugestanden werden kann. Man kann Schemata erkennen, an anderen und an sich selbst, wenn man sie als kognitive Routinen nimmt, als Abkürzungen für etwas, das erläutert werden könnte. Aber auch dies wäre dann wieder ein Schema, das den Sachverhalt verdeckt, um den es letztlich geht. Angesichts der Unbeobachtbarkeit der Welt und der Intransparenz der Individuen für sich selbst und für andere ist eine Schemabildung unvermeidlich. Ohne sie gäbe es kein Gedächtnis, keine Information, kein Abweichen, keine Freiheit. Mit Spencer Brown kann man dies auch als Notwendigkeit einer Form begreifen, die eine Unterscheidung markiert, deren eine Seite bezeichnet werden muß, wenn man beobachten und weitere Operationen ansetzen will. Das schließt es nicht aus, nach gesellschaftlichen Bedingungen der Plausibilität solcher Sche-

---

Henry Adams im übrigen dreifach mit: als Verfasser, als Erzähler und als der, über dessen vergebliche Suche nach einer Erziehung berichtet wird. Auch das ist mithin ein Bericht über eine verlorene und nicht wiederzufindende, jedenfalls durch Herkunft und Familie und das Boston des 18. Jahrhunderts nicht mehr bestimmte Identität.

mata zu fragen. Sie sind im Zeitalter der Massenmedien ohne Mitwirkung der Medien kaum denkbar. Wie das Theater versetzen auch die Massenmedien das Individuum in eine Szene außerhalb der Inszenierung. Wir hatten das als technische Bedingung der Ausdifferenzierung eines Mediensystems beschrieben. Auf die Individuen muß diese Distanz ambivalent wirken. Denn einerseits sind sie nicht selbst der Text, der ihnen vorgeführt wird; und wenn sie ihn geschrieben und publiziert haben wie Rousseau, sind sie es schon nicht mehr. Sie sehen sich auch nicht selber im Fernsehen, und wenn ausnahmsweise, dann mit einem Spezialvergnügen des Sich-selbst-Wiedererkennens, das man nur bei Ausnahmen findet. Andererseits produzieren die Massenmedien die Welt, in der die Individuen sich selber vorfinden. Das gilt für alle Programmsektoren: für Nachrichten, für Werbung, für Unterhaltung. Was ihnen vorgestellt wird, betrifft also auch sie, da sie in dieser Welt ihr Leben zu führen haben; und es betrifft sie auch dann, wenn sie sehr wohl wissen, daß sie selbst nie in die Situationen kommen und nie die Rollen spielen werden, die ihnen als faktisch oder als fiktional präsentiert werden. Statt dessen können sie sich immer noch mit den Kultobjekten oder den Motiven identifizieren, die ihnen die Skripts der Massenmedien anbieten. Wenn Individuen Medien als Text oder als Bild betrachten, sind sie draußen; wenn sie in sich deren Resultate erleben, sind sie drinnen. Sie müssen zwischen draußen und drinnen oszillieren, und dies so wie in einer paradoxen Situation: schnell, fast ohne Zeitverlust und unentscheidbar. Denn die eine Position ist nur dank der anderen möglich – und umgekehrt.

Die Folge muß sein, daß das Individuum diese Paradoxie für sich selbst auflösen und seine Identität oder sein „Selbst" selbst konstruieren muß. Die dafür benutzten Materialien können die üblichen sein. Aber es gibt keine Möglichkeit, ein „Ich" qua Analogie von außen zu übernehmen. Niemand kann so sein wie ein anderer. Niemand versteht sich als Abbild eines anderen. Worin man übereinstimmt, ist nur die Notwendigkeit, Schemata zu benutzen, um ein Gedächtnis zu unterhalten. Aber die Selbstschematisierung kann sich nicht durch die Illusion einer „objektiven" (wenngleich umstrittenen) Realität entlasten. Sie ist einerseits unbestreitbar, denn niemand kann sie für einen anderen vollziehen, und andererseits durch ständige Wiederauflösung bedroht. Denn niemand kann wissen, ob er der bleiben wird, der zu sein er gemeint hatte. Er kann es nicht wissen, weil er selbst darüber disponiert.

Die strukturellen Kopplungen zwischen den Individuen und der Gesellschaft betreffen die gesamte Realität. Das gilt für alle Gesellschaftsformationen. Die Massenmedien variieren jedoch die strukturellen Bedingungen dieser strukturellen Kopplungen, weil sie sowohl den Bedarf für Schemata als auch deren Angebot verändern. Die Schemata und Skripts der ökologischen Besorgnisse und die Notwendigkeit einer Schematisierung der eigenen Person sind dafür nur extrem gewählte Beispiele. Und es ist vielleicht kein Zufall, daß diese beiden Umwelten der gesellschaftlichen Kommunikation, die Komplexität der außermenschlichen Natur und die Eigendynamik und Intransparenz der menschlichen Individuen, in besonderer Weise auf Schemata und damit auf strukturelle Kopplungen zum System der Massenmedien angewiesen sind.

Kapitel 16
Kybernetik zweiter Ordnung
als Paradoxie

Die von Heinz von Foerster ausgearbeitete Kybernetik zweiter Ordnung[1] gilt mit Recht als konstruktivistische Theorie, wenn nicht als Manifest des operativen Konstruktivismus. Das Umgekehrte gilt jedoch nicht. Konstruktivistische Erkenntnistheorien haben nicht notwendigerweise die Strenge einer Kybernetik der Kybernetik. Man kann Kognitionen als Konstruktionen eines Beobachters beobachten, ohne damit die These zu verbinden, daß der beobachtende Beobachter sich selbst als Beobachter beobachtet. Dieser Unterschied ist so wichtig, daß wir ihm ein abschließendes Kapitel widmen müssen.

Die bisherigen Überlegungen hatten sich durch zwei Ausgangspunkte leiten lassen. Der eine besagt, es handele sich bei den Massenmedien wie bei allen Funktionssystemen um ein operativ geschlossenes und insofern autopoietisches System. Der zweite betont, daß dies auch für Kognitionen gelte, denn auch Kognitionen sind Operationen und können daher nur im System produ-

---

[1] Siehe die Aufsatzsammlung Observing Systems, Seaside Cal. 1981. Eine andere Auswahl in deutscher Übersetzung ist: Heinz von Foerster, Wissen und Gewissen: Versuch einer Brücke, Frankfurt 1993.

ziert werden. Dies gilt auch dann, wenn man berücksichtigt, daß in der Gesellschaft mit dem System der Massenmedien aus dessen Umwelt heraus kommuniziert werden kann. Denn auch diese Kommunikationen sind nur möglich auf Grund des Wissens, das die Massenmedien bereitgestellt haben; und außerdem verstehen die Massenmedien das, was ihnen mitgeteilt wird, nur auf Grund ihres eigenen Netzwerkes der Reproduktion von Informationen. Jede Kommunikation in und mit Massenmedien bleibt gebunden an die Schemata, die dafür zur Verfügung stehen.

Diese theoretische Beschreibung ist im Modus der Beobachtung zweiter Ordnung entworfen. Sie beobachtet und beschreibt Beobachter. Sie setzt aber nicht voraus, daß die Massenmedien sich selbst im Modus der Beobachtung zweiter Ordnung beobachten. Die Medien bezeichnen das, worüber sie kommunizieren, und müssen es deshalb unterscheiden. Sie informieren zum Beispiel über Skandale und müssen dabei voraussetzen, daß auch nichtskandalöses Verhalten möglich gewesen wäre. Dabei wird jedoch nicht reflektiert, daß man die Frage stellen könnte (die ein Soziologe stellen könnte), warum überhaupt im Schema skandalös/nichtskandalös beobachtet wird und warum die Häufigkeit der Benutzung dieses Schemas offenbar zunimmt. Mit anderen Worten: die Medien bleiben (und wir werden gleich sehen: aus guten Gründen) für sich selbst als Beobachter unsichtbar. Sie operieren weltzugewandt und reflektieren nicht, daß schon diese Zuwendung einen unmarkierten Raum erzeugt, in dem sie sich selbst befinden.

Wir können diese Aussage reformulieren, indem wir unseren Begriff der Autonomie spalten. Es gibt einerseits die autopoietische Autonomie, die auf *operativer*

Schließung beruht und besagt, daß das System seine eigenen Strukturen und Operationen nur mit eigenen Operationen, also nur aus eigenen Produkten reproduzieren kann. Davon ist die *kognitive* Schließung und entsprechend: kognitive Autonomie zu unterscheiden. Sie besagt, daß das System bei all seinen Kognitionen mitbeobachtet, daß es sich nur um eigene Beobachtungen handelt. Erst damit finden wir uns auf dem Terrain, für das sich die Kybernetik zweiter Ordnung im strengen Sinne interessiert.[2] Dabei wird die Frage, wer ist der Beobachter? universell gestellt und auch auf das beobachtende System angewandt. An die Stelle der Frage nach Begründungen, die auf einen infiniten Regress hinauslaufen müßte, tritt die Frage nach dem Beobachter; und wer sein eigenes Erleben oder Handeln begründen möchte, muß sich daher als Beobachter beobachten und damit die Wahl der Unterscheidungen, die sein Beobachten leiten, zur Disposition stellen. Aber wie ist das möglich?

Offensichtlich operiert das System der Massenmedien, empirisch gesehen, nicht auf der *kognitiv geschlossenen* Ebene der Kybernetik zweiter Ordnung. Es unterscheidet zwar Selbstreferenz und Fremdreferenz. In fremdreferentieller Einstellung berichtet es über Tatsachen und Meinungen. Das schließt die Möglichkeit ein, Beobachter zu beobachten. Insofern kommt es zu der in der modernen Gesellschaft üblichen Beobachtung zweiter Ordnung. Aber das führt nur in den infiniten Regress der Frage, welcher Beobachter nun dies wieder

---

[2] Vgl. hierzu, bezogen auf Organisationen, Frederick Steier/Kenwyn K. Smith, Organizations and Second Order Cybernetics, Journal of Strategic and Systemic Therapies 4,4 (1985), S. 53-65.

beobachtet. Es kommt im System selbst nicht zu der Abschlußfigur des doppelsinnigen „observing systems"[3], nämlich zu der autologischen Einsicht, daß das, was für Beobachter gilt, auch für das sie beobachtende System gilt. Dank der Unterscheidung von Selbstreferenz und Fremdreferenz kann das System der Massenmedien auch sich selbst bezeichnen im Unterschied zu allem anderen. Es kann die eigenen Strukturen und Operationen zum Thema machen, so als ob es Objekte wären. Aber es fragt nicht zusätzlich noch: *wie* operiere ich als Beobachter und warum unterscheide ich so und nicht anders? Mit allen Unterscheidungen, die es verwendet, versetzt es sich selbst in den unbeobachtbaren unmarkierten Raum, und das gilt selbst dann, wenn es sich selbst im Unterschied zu anderem bezeichnet. Jede Unterscheidung, aber genau das kann man noch wissen, invisibilisiert den Beobachter. Wollte er sich de-invisibilisieren, müßte er sich bezeichnen, also sich unterscheiden; und wieder hätte man die Frage: wer ist der Beobachter, der so und nicht anders unterscheidet?

Dies gilt auch für die moderne Gesellschaft und auch unter Bedingungen, die manche als „postmodern" bezeichnen. Es gilt auch dann, wenn man auf absolute Geltungsansprüche verzichtet, die in der Tradition unter Namen wie Gott oder Natur oder Vernunft gegolten hatten. Dieser Verzicht wird als Relativismus oder als Historismus vorgestellt. Man akzeptiert die Kontingenz aller Kriterien und aller möglichen Beobachterpositionen. Aber das heißt nur, daß man von jeder Unterscheidung zu einer anderen übergehen, zum Beispiel Moden oder Wertewandel berücksichtigen kann. Dabei handelt

---

3 Heinz von Foerster a.a.O. (1981).

es sich inzwischen um akzeptierte Schemata. Das Problem des Wandels und der Kontingenz ist verdaut und kann mit den normalen Schematismen der Massenmedien zum Ausdruck gebracht werden. Das System operiert dann zwar auf einer Ebene höherer Unsicherheit, aber das gilt auch für die anderen Funktionssysteme, für die Geldwirtschaft, die Kunst, die Wissenschaft, die Politik. Im Akzeptieren dieses postmodernen Duktus folgen die Massenmedien nur dem, was die Form gesellschaftlicher Differenzierung nahelegt. Aber mit einem laufenden Wechsel der Perspektiven ist der Beobachter, der diesen Wandel mit der Unterscheidung vorher/nachher vollzieht, wiederum nicht zu fassen. „Gott ist tot", hat man behauptet – und gemeint: der letzte Beobachter ist nicht zu identifizieren.

Als Reaktion auf diesen Befund kann man seit einigen Jahren Versuche beobachten, das Problem in die Ethik abzuschieben. Das gilt gesellschaftsweit und damit auch für die Massenmedien. So kann man zum Beispiel einen ethischen Code für Journalisten entwerfen und ihn über Selbstkontrollverfahren der Profession durchzusetzen versuchen. Daß es sich dabei nicht um eine Begründungsethik im akademischen Stil handeln kann, ist leicht zu sehen, wenn man die akademische Diskussion der transzendentalen Ethik, der utilitaristischen Ethik oder der Werteethik verfolgt. Ein deduktiver Durchgriff auf Entscheidungen ist in all diesen Fällen nicht gelungen. Das kann man wissen. Es kann sich also nur um Konventionen handeln, die sich ständig mit neuen Sachlagen konfrontiert finden. Auch enthält diese Ethik, wenn sie nicht zu Rechtsnormen verdichtet wird, keine Hinweise darauf, wie Abweichler zu behandeln sind.

Die Position einer Kybernetik zweiter Ordnung bietet eine Möglichkeit, diese Flucht in die Ethik als Problemverschiebung zu reflektieren. Auch die Ethik ist ja, was immer konkret darunter verstanden wird, eine Unterscheidungspraxis. Sie unterscheidet Standards und Verhaltensweisen, unterscheidet konformes und abweichendes Verhalten und zumeist sogar in einem moralischen Sinne gutes und schlechtes bzw. böses Verhalten. Außerdem gehört es zu ihren Voraussetzungen, daß Abweichungen auf das Verhalten zugerechnet werden und nicht auf die unpassend gewählten Standards oder, wie gesellschaftskritische Soziologen eine zeitlang meinten, auf das „labeling".[4] Selbst wenn in stark moralisierten Bereichen mit starken Bindungen und aufgeladener Emotionalität zu rechnen ist, kann die Kybernetik zweiter Ordnung immer noch fragen: warum unterscheidet ihr gerade so und nicht anders; oder wieder: wer ist der Beobachter, der gerade diese Schemata zu oktroyieren versucht.

Maßgebende Autoren der konstruktivistischen Erkenntnistheorie wie Humberto Maturana und Heinz von Foerster haben versucht, auf dieser Grundlage eine neue Ethik zu entwickeln. Sie sind jedoch über Andeutungen nicht hinausgekommen[5], und es ist fraglich, ob

---

4 Vgl. z.B. John I. Kitsuse, Societal Reactions to Deviant Behavior: Problems of Theory and Method, Social Problems 9 (1962), S. 247-256; Edwin M. Lemert, Human Deviance, Social Problems, and Social Control, Englewood Cliffs N.J. 1967.
5 Heinz von Foerster meint zum Beispiel im Anschluß an Wittgenstein, daß eine solche Ethik *implizit* bleiben müsse. Aber heißt das nicht: daß sie unbeobachtbar bleiben müsse? Siehe Heinz von Foerster, Implizite Ethik, in ders., Wissen und Gewissen a.a.O. S. 347-349. Siehe auch ders., Ethics and Secondorder Cybernetics, Cybernetics & Human Knowing 1 (1992), S. 9-25.

dieser Vorstoß gelingen kann. Denn eine Ethik würde sich selbst sabotieren, würde von ihr verlangt werden, daß sie Unterscheidungen macht und zugleich reflektiert, daß sie es ist, die diese Unterscheidungen macht.

Auch angesichts zahlreicher Bemühungen um ethische Fundierungen kann die Kybernetik zweiter Ordnung immer nur die Frage wiederholen: wer ist der Beobachter? Sie kann diese Frage an alle beobachtenden Systeme richten, also auch an sich selbst. Damit werden alle kognitiven, normativen und moralischen, also auch alle ethischen Codes unterlaufen. Das könnte dazu verleiten, der Kybernetik zweiter Ordnung jede praktische Relevanz und jede Möglichkeit empirischer Durchführung zu bestreiten. Doch sollte man sich vor voreiligen Schlüssen hüten. Es fällt ja auf, daß bei praxisorientierten Bemühungen, die sich als Therapie verstehen, diese Kybernetik zweiter Ordnung eine zunehmend wichtige Rolle spielt. Das gilt ganz offensichtlich für Familientherapie und für Organisationsberatung. Ebenso könnte man aber auch an Psychotherapien denken oder an den Fall, daß bei medizinisch unkontrollierbaren Schmerzen geraten wird: beobachte Deine Schmerzen. Gleichzeitig mit konstruktivistischen Therapiekonzepten ist denn auch eine durchführbare Direktive entdeckt worden, die mit dem Begriff des Paradoxes formuliert wird.[6] Schon die rhetorische Tradition hatte die Figur des Paradoxes

---

6 Vgl. Gregory Bateson/Don D. Jackson/Jay Haley/John Weakland, Toward a Theory of Schizophrenia, Behavioral Science 1 (1956), S. 251-264 und, besonders einflußreich, Mara Selvini Palazzoli et al., Paradoxon und Gegenparadoxon, dt. Übers. Stuttgart 1978. Für einen Überblick siehe auch Kurt Ludewig, Systemische Therapie: Grundlagen klinischer Theorie und Praxis, Stuttgart 1992.

als Technik der Erschütterung des festgefahrenen Glaubens, einer communis opinio, eines common sense empfohlen. Diese Funktionsbeschreibung kann heute mit der Kybernetik zweiter Ordnung verbunden und dadurch erkenntnistheoretisch begründet werden. Man hat immer die Möglichkeit, nach dem Beobachter zu fragen, aber diese Frage läuft, auch sich selbst bezogen, auf ein Paradox auf, und zwar auf ein injunktives Paradox. Sie fordert dazu auf, etwas sichtbar zu machen, was für sich selbst unsichtbar bleiben muß. Sie widerspricht sich selbst. Sie vollzieht einen performativen Selbstwiderspruch und vermeidet es dadurch, dogmatisch aufzutreten oder Rezepte zu verschreiben.

Mit dieser Rückführung auf das Paradox des Beobachters[7] überwindet die Kybernetik zweiter Ordnung auch noch die für Soziologen und Intellektuelle geläufige Unterscheidung von „kritisch" und „affirmativ". Auch dies ist eine Unterscheidung, also ein Instrument des Beobachtens. Beobachtet man den, der mit Hilfe dieser Unterscheidung für die eine (und nicht die andere) Seite optiert, kommt eine weitere Version des Beobachterparadoxes heraus. Wer für „kritisch" optiert (wie die meisten Intellektuellen) muß sich zur Unterscheidung selbst affirmativ verhalten. Wer für „affirmativ" optiert, muß eine Unterscheidung akzeptieren, die es auch zuläßt, sich kritisch einzustellen. Deshalb muß der Beobachter, der diese Unterscheidung wählt, unsichtbar bleiben. Allenfalls kann er sagen: ich bin das Paradox meiner Unterscheidung, die Einheit dessen, was ich als verschieden behaupte.

---

[7] Hierzu auch Niklas Luhmann, The Paradoxy of Observing Systems, Cultural Critique 31 (1995), S. 37-55.

Das Paradox bietet dem Beobachter genau die gleiche Konzentration auf einen einzigen, nicht weiter zu verdichtenden Punkt wie die autologische, sich selbst einbeziehende Kybernetik zweiter Ordnung. Schon das legt die These nahe, daß die Kybernetik zweiter Ordnung dem, was ihr Beobachten beobachtet, die Form des Paradoxes gibt. Das muß nicht heißen, es dabei zu belassen. Wie Theorie und Praxis der Systemtherapie lehren, ist die Form des Paradoxes nur eine Durchgangsstation. Man identifiziert die bisher gewohnten Unterscheidungen mit der Frage nach dem Beobachter als paradox, treibt sie auf die Frage nach der Einheit der Differenz zurück, um dann die Frage zu stellen, welche anderen Unterscheidungen das Paradox „entfalten", also wiederauflösen können. So behandelt, ist das Paradox eine Zeitform, deren andere Seite eine offene Zukunft, ein neues Arrangement und eine Neubeschreibung der Gewohnheiten als fragwürdig bildet. Wie in der Autopoiesis auch gibt es dabei keine Abschlußform, die, sei es als Ursprung, sei es als Ziel, die Frage nach dem „Davor" und dem „Danach" nicht zuläßt. Man mag durchaus Vorschläge unterbreiten; aber, wenn man die Position der Kybernetik zweiter Ordnung konsistent handhaben will, können dies nur Denkanstöße sein. Das Primärziel müßte sein, die Klienten zu lehren, die bei allen Unterscheidungen inhärente Paradoxie selbst zu sehen und zugleich zu sehen, daß Beobachtungen nur möglich sein, wenn man die Paradoxien wieder in die Form einer Unterscheidung bringt, die im Moment zu überzeugen scheint.

Bezieht die Soziologie die Position einer Beobachtungskybernetik zweiter Ordnung, verzichtet sie also nicht auf Kommunikation, aber sie wird ihre Kommunikation auf den Umweg des Paradoxierens schicken müssen – wie ein Therapeut. Der krasse Widerspruch zwischen den Selektionsverfahren der Massenmedien und ihrem Erfolg im Konstruieren der Realität, nach der die Gesellschaft sich richtet, mag dazu ein besonderer Anlaß sein. Wir wiederholen deshalb unsere Eingangsfrage. Sie lautet nicht: *was* ist der Fall, was umgibt uns als Welt und als Gesellschaft. Sie lautet vielmehr: *wie* ist es möglich, Informationen über die Welt und über die Gesellschaft als Informationen über die Realität zu akzeptieren, wenn man weiß, *wie* sie produziert werden?

Sachregister

admiratio 46 Anm. 24
Ängste 151
Akteure s. Handeln
Aktualität 68 f.
alt 45 f.; s. Neuheit
Ambiguitäten 67 f., 172 f.,
  203 f.
Ansprüche 151
antiqui/moderni 44
  Anm. 18
Authentizität 114 f., 147,
  154 f.
Autologie 17 f., 188, 208 f.,
  214
Autonomie 57, 189, 207 f.
Autopoiesis 34, 81, 150,
  163, 166, 169 ff., 198, 206

Bekanntheit 29 f., 42, 43,
  121, 179, 194
Beliebigkeit 158
Beobachten 169 f.
 – zweiter Ordnung 14 f.,
  17 f., 84, 107, 110, 113,
  115, 152 ff., 162, 201,
  206 ff.
Berichte 72 f.
Bistabilität 26
Bühnentheater 102 f., 200 f.

Codierung 32 ff., 120, 129

Dekonstruktion 159
différance (Derrida) 159
Dissens s. Konsens

Echtheit s. Authentizität
Eigenwerte 10, 159, 177, 190
Einschließung des Ausge-
  schlossenen 112, 143
Enthusiasmus 168
Ethik 21, 189, 210 f.
Exklusion s. Inklusion

Film 109 f.
Form 75; s. Medium
Freiheit 156 f.
Fremdreferenz s. Selbstrefe-
  renz
Fundamentalismus 168

Gedächtnis 19, 28, 40,
  75 ff., 86, 99, 120 f., 139,
  156, 160, 162, 172 f., 175,
  179 ff., 192 f.
Gegenwart 151, 176;
  s. Bekanntheit 179
Geheimhaltung 185 f.
Geist 159, 179 Anm. 15

Generalisierung 74
Gerüchte 43
Geschlossenheit s. Schließung
Geschmack 89 f.

Handeln, Handelnde 65 f., 100 f., 139; s. Individuen
Heuchelei 185 f., 188 f.

Identitäten, Identifikationen 74 f., 111, 115 f., 172, 199 ff.
Imagination 26 f., 99, 111, 112
Imitationskonflikte (Girard) 145
Individualismus, methodologischer 135 Anm. 3
Individuen 111, 115 f., 130 ff., 190 f., 198
Information 36 ff., 99 ff., 178
Inklusion/Exklusion 116
Interaktion, Unterbrechung von 11 f., 33 f.
Interesse 77 f.
Intransparenz/Transparenz 183, 188, 199, 203
Irritation 27, 46 f., 141 f., 149 f., 174 f., 178, 191
Irrtum 165 f.

Journalismus 55 f., 104, 189, 210
Jugendszene 92 f.

Kausalattribution 139 f., 195
Kausale Einwirkungen 22

Klassenstrukturen 128 f.
Körper 110 f.
Kognition/Anpassung 170 f.
Kommunikation 13 f., 171 ff.
Funktionen 30 f.
Themen 28 ff., 126, 179, 181
Kondensierung 74 f.
Konfirmierung 74 f.
Konflikte 59, 141, 142
Konsens/Dissens 29 f., 112, 126, 142, 177 ff., 198
Konstruktivismus 16 ff., 137, 138 ff., 158 ff.
Kopie 114 f.
Kopplung, strukturelle 29, 122 ff., 127, 136, 191, 195, 205
kritisch/affirmativ 213
Kultobjekte 92 f.
Kultur 21, 154 ff.
Kunst 41 Anm. 15, 107 f., 123 f.

Lebenswelt 138 Anm. 1, 177
lokaler Bezug 60 f.

Manipulation 9, 31, 78 ff., 84, 85, 141, 174; s. Motivverdacht
Markierung 75, 98; s. Form
Massenmedien 121 f.
– als Funktionssystem 22
– Ausdifferenzierung 33 f.
– Begriff 10 ff.
– Einheit 119 ff.

217

– Funktion 94, 120 f., 169 ff., 174, 183
– Selbstbeschreibung 21, 31
Medium/Form 122
Meinung
– Äußerung von 69 ff.
– öffentliche 84, 185, 187
– persönliche 120
Meinungskonflikte 140
Mensch 135 f.; s. Individuum, Person
Metaphorik 98 Anm. 3
Mißtrauen 153
Mode 90 f.
modern 44 f.
Moral 64 f., 142 ff.
Motive 130 f., 152
Motivverdacht 77 f., 85, 103, 152; s. Manipulation
Mythen 109

Nachrichten 53 ff., 131 f., 141 f.
Nähe 60 f.
Neuheit 27, 44 ff., 53 f., 58 f., 77
normal/pathologisch 166 f.
Normverstöße 61 ff.

Oberfläche/Tiefe 92
Objekte 178
Öffentlichkeit 183 ff.
Ökologie 196 ff.
Ontologie 152
Organisation 134
Organisationen der Massenmedien 71 f.

Oszillatorfunktion 179, 204

Paradoxie 26, 87 ff., 165, 204 f., 212 ff.
Parasiten 112
Personen 66 f., 133 f., 190, 198 ff.; s. Individuen
Politisches System 124 f., 144 f.
Postmoderne 209 f.
Problem 141 f.
Programmierung 37 ff., 117 ff., 127 ff.
Psychoanalyse 133

Quantitäten 59 f.

Realität 12 ff., 79 f., 138 ff., 158 ff.
– fiktionale 98 ff., 114, 147 f.
– nicht konsenspflichtige 112, 121, 164, 167 f.
– virtuelle 111, 196, 200
Realitätsverdoppelung 15, 96 f., 98 f., 114
Recht 125, 175
Redundanz 43
– und Varietät 94, 180, 182
re-entry 24 ff., 162, 179
Regress, unendlicher 37, 208 f.
Rekursivität 68 f., 74 f., 121, 175
Relativismus 138, 209 f.
Roman 103 ff., 110 f., 195

Schemata 69, 74 f., 152, 192 ff., 207; s. Kausalattribution
Schließung, operative 22, 30 f., 39, 40 f., 57, 75, 108, 159 f., 176 Anm. 11, 190, 206
Schöner Schein 91
Selbstreferenz/Fremdreferenz 15 ff., 24 ff., 36, 57, 137, 162, 165, 208
Selbstschematisierung 198 f., 205
Selbstverwirklichung 203
Selektion 58
Simulation/Dissimulation 185 f.
Sinnfrage, Sinnsuche 142, 203 f.
Skandale 61 f., 144
Skript 194 f.
Spannung 102, 103, 105 ff.
Spiel 96 ff.
Sport 125
Sprache 191
structural drift 191
Subjekte als „inferential entities" 101
Systemtherapie s. Therapie

Theater s. Bühnentheater
Themen 28 ff., 126, 179, 181
Therapie 212 f., 214 f.
Tiefe s. Oberfläche
Tourismus 154 f.
Transparenz s. Intransparenz

Transzendentaltheorie 19, 148 f., 194

Unbestimmtheit, selbsterzeugte 25 f., 101 f., 104 ff., 149 f.
Unterhaltung 54, 96 ff., 117, 132 f., 146 ff.

Verbreitungstechnologie 10 f., 13 f., 33 f., 130
Vergessen 180, 192 f.; s. Gedächtnis
Verstehen 152, 171 ff.

Wachstum 60
Wahrheit 55 ff., 73 f.
Wahrnehmung 191
Werbung 85 ff., 117 f., 132, 145 f.
Welt 18, 26 f., 98, 163, 170
Werte, Wertkonsens 139
Wertewandel 197 f.
Widerstand als Realitätsindikator 158 ff., 181
Willkür 158
Wissen 9 f., 108 f.
Wissenschaft 138 f., 175

Zeit 26, 41 f., 44 f., 55, 79, 105, 133 f., 150 f., 176, 178, 214
Zensur 22 f.
Zukunft 44 f., 67, 72, 105, 133, 183, 214; s. Oszillatorfunktion

Literatur von Niklas Luhmann

Soziologische Aufklärung 6
Die Soziologie und der Mensch
1995. 275 S. Kart.
ISBN 3-531-12727-6

Das Thema des Verhältnisses von Individuum und Gesellschaft begleitet die Soziologie seit ihren Anfängen, aber es scheint immer noch eine „soziologische Aufklärung" zu bedürfen. Gegenwärtig geht der Streit hauptsächlich um die Frage, ob das Individuum auf der Unterseite des Begriffs der Handlung in die Gesellschaft eingeschmuggelt werden könne oder ob es mit Hilfe der Unterscheidung von System und Umwelt resolut aus der Gesellschaft auszuschließen sei. Das eine Argument lautet: nur Menschen können handeln, das andere: wenn man Individuen empirisch ernst nehmen will, könne man sie gerade nicht als Komponente von Handlung, als Handelnde, in die aus Handlungen bestehende Gesellschaft einführen. Der angekündigte Band stellt Beiträge des Verfassers zu diesem Thema zusammen.

Ökologische Kommunikation
Kann die moderne Gesellschaft sich auf ökologische Gefährdungen einstellen?
3. Aufl. 1990. 275 S. Kart.
ISBN 3-531-11775-0

„(...) man kann die Lektüre dieses Buches nur jedem, der an ökologischen Problemen, an einem Verständnis der modernen Gesellschaft und an soziologischer Theorie Interesse hat, ans Herz legen. Selten kann man auf so relativ wenigen Seiten so viel über die Gesellschaft lernen, über Codes und Programme der großen Funktionssysteme, über die Chancen der sozialen Bewegungen, über die Schwierigkeiten einer Umweltethik oder über einen vielleicht doch noch möglichen Rationalitätsbegriff. Und fast nebenbei wird man in die neuesten Entwicklungen des Analyseinstrumentariums der Systemtheorie eingeführt und erfährt von den faszinierenden Ideen der Kybernetik, der Theorie der Autopoiesis und der Erkenntnistheorie. Das Buch über die ‚Ökologische Kommunikation' kann als eine hervorragende Einführung in die Luhmannsche Soziologie dienen. (...)"

Hessischer Rundfunk

Beobachtungen der Moderne
1992. 220 S. Kart.
ISBN 3-531-12263-0

Wir mögen gern konzedieren, daß es keine verbindliche Repräsentation der Gesellschaft in der Gesellschaft gibt. Aber das wäre dann nicht das Ende, sondern der Beginn einer Reflexion der Form von Selbstbeobachtungen und Selbstbeschreibungen eines Systems, die im System selbst vorgeschlagen und durchgesetzt werden müssen in einem Prozeß, der seinerseits wieder beobachtet und beschrieben wird. Die hier publizierten Texte gehen von der Überzeugung aus, daß darüber etwas ausgesagt werden kann; ja, daß Theoriematerialien schon verfügbar sind, die nur auf dieses Thema der Beobachtungen der Moderne hingeführt werden müssen.

WESTDEUTSCHER VERLAG
OPLADEN · WIESBADEN

Aus dem Programm
Sozialwissenschaften

Klaus Dammann/Dieter Grunow/
Klaus P. Japp (Hrsg.)
**Die Verwaltung
des politischen Systems**

Neuere systemtheoretische Zugriffe auf ein altes Thema. Mit einem Gesamtverzeichnis der Veröffentlichungen Niklas Luhmanns 1958–1992

1994. 412 S. Kart.
ISBN 3-531-12373-4

Dieses Buch zum 65. Geburtstag von Niklas Luhmann erinnert daran, daß am Anfang des Werkes dieses zu den bedeutendsten Sozialwissenschaftlern zählenden Gelehrten und ehemaligen Verwaltungsbeamten vor allem Untersuchungen zur öffentlichen Verwaltung und Politik standen. Die 18 Autorinnen und Autoren aus deutschen Hochschulen stellen systematisch den Wissensstand über Verwaltung im Rahmen der politischen Verhältnisse dar. Dabei werden neuere system-, evolutions- und kommunikationstheoretische Überlegungen berücksichtigt. Der Band enthält das erste Gesamtverzeichnis der Veröffentlichungen Niklas Luhmanns mit mehr als 300 neuen Titeln, davon 180 Originalveröffentlichungen. Diese Bibliographie wird durch ein Stichwortverzeichnis erschlossen.

Niklas Luhmann
Politische Planung

Aufsätze zur Soziologie von Politik und Verwaltung

4. Aufl. 1994. 256 S. Kart.
ISBN 3-531-11073-X

Die in diesem Band zusammengefaßten Studien aus dem Bereich von Politik und Verwaltung versuchen, unter jeweils begrenztem Blickpunkt Funktionen und damit Variationsmöglichkeiten im Gegenstandsfeld zu klären und damit abzutasten, wieviel Zukunft in der Sache selbst steckt. Nur im vorletzten und vor allem im letzten Beitrag wird die Reformmöglichkeit selbst zum Thema. Sie münden in die Forderung nach einer modellgeleiteten Technik des restriktiven Problematisierens.

Niklas Luhmann
Rechtssoziologie

3. Aufl. 1987. VIII, 385 S.
(wv studium, Bd. 1/2) Pb.
ISBN 3-531-22001-2

Aus dem Inhalt: Klassische Ansätze zur Rechtssoziologie – Rechtsbildung: Grundlagen einer soziologischen Theorie – Recht als Struktur der Gesellschaft – Positives Recht – Sozialer Wandel durch positives Recht – Rechtssystem und Rechtstheorie.

WESTDEUTSCHER
VERLAG
OPLADEN · WIESBADEN